추억의 어린 시절

추억의 어린 시절

옴니버스 인생책쓰기 14편
30인의 어린 시절 이야기

인생이변하는서점

"

어린 시절이 그리운

모든 이들에게

이 책을 전합니다.

"

30인 지은이 소개

우경하 이은미 박선희 안은숙 양 선
김지현 심푸른 장예진 최순덕 박보라
김미옥 김종호 한기수 윤국주 이정원
차에스더 김주연 송혜선 류정희 강정석
류미현 이선자 정세현 김선화 유민재
유혜지 이유미 우정희 양혜진 박성희

1장. 지은이 소개

2장. 지은이 소개

11. 김미옥 – 사회복지법인 제주공생 희망나눔종합지원센터 센터장

12. 김종호 – BMCT 홈닥터(뇌인지 / 마음 / 언어 상호작용 지도사)

13. 한기수 – 한국남성행복심리상담연구소 대표, 방과후 돌봄 늘봄 강사

14. 윤국주 – 공직 34년 근무(재직), 글쓰기활용전문지도사(자격증)

15. 이정원 – 삼화유업 경인지사 영업 대리

16. 차에스더 – 예은마음상담 치유연구원 소장, 주님의교회 담임목사

17. 김주연 – 가수, 주아랑문화예술단 단장,

18. 송혜선 – 상담심리학, 사회복지, 대학원에서 다문화교육 전공

19. 류정희 – Yes!진로코칭상담소, KPC코치, 생명존중강사

20. 강정석 – 산업현장 전문가, 행동하는 안전전문가

3장. 지은이 소개

프롤로그

'어린 시절'이라는 단어를 떠올리면 어떤 모습이 그려지는가?

흙먼지 날리던 골목길, 친구들과 뛰놀던 뒷산, 엄마 손을 잡고 걷던 시장 골목. 이 책은 30인의 작가가 들려주는 어린 시절 이야기다.

누군가에게 어린 시절은 딱지치기와 구슬치기로 해가 지는 줄 몰랐던 골목이었고, 누군가에게는 동생을 돌보며 일찍 철이 들어야 했던 책임의 시간이었다. 또 누군가에게는 자연이 놀이터가 되어준 자유로운 날들이었고, 누군가에게는 아픔 속에서도 꿈을 키워낸 단단한 성장의 시간이었다.

경험은 달랐지만, 그 안에는 한 가지 공통점이 있었다. 바로 '성장'이었다. 서툴고 어색한 성장, 때로는 아팠던 성장, 그러나 포기하지 않았기에 지금의 우리를 만든 성장.

글을 쓰며 우리는 깨달았다. 어린 시절은 단순한 과거가 아니라 지금의 나를 이루는 뿌리이며, 그 시절의 작은 순간들이 오늘을 살아가는 힘이 된다는 것을.

이 책은 나연구소의 [옴니버스 인생책쓰기] 프로젝트 14번째 결실이다. 이 프로젝트는 우리의 인생을 주제로 매월 1권씩의 출판, 총 8년 동안 100편의 책을 출간하는 것을 목표로 한다.

우리의 이야기가 그 시절의 추억으로 잔잔히 미소가 지어지기를 바라며 우리의 어린 시절 이야기를 시작한다.

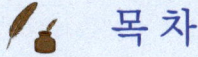 # 목차

1장.

그 시절 우리는

NO.1
우 경 하

네이버 검색: 우경하

유튜브 검색: 나연구소

나연구소 대표

한국자서전협회장

출판사 인생이변하는서점, 피플북 대표

전자책, 공동저서, 자서전 출판 전문

온라인 오프라인 500회 이상 강의 코칭

전자책, 종이책 포함 200권 이상 출판

누적 출판작가 700명 이상 배출

닉네임: 100권작가

딱지치기와 차전놀이의 추억

어린 시절을 생각하면 다양한 기억과 추억이 떠오르면서 입가에 미소가 지어진다. 내가 살던 집, 할머니, 그리운 친구들, 재미있는 놀이, 꿀밤 따기, 자치기, 딱지치기, 쥐불놀이, 유아원과 유치원, 봄 소풍, 물놀이, 가을 운동회 등 다양한 일들이 생각난다.

나는 80년생이고 안동시 풍산읍에서 태어났다. 부모님은 내가 어렸을 때부터 농약 장사와 지업사를 하셨다. 풍산에서 유치원, 유아원, 중학교에 다니고 고등학교는 안동 시내에서 다녔다.

그 시절은 우리나라가 막 경제성장을 시작하던 때였다. 핸드폰도 없었고 컴퓨터도 없었다. 우리 집을 지어서 이사 가기 전까지는 방 두 개 딸린 가게에서 살았다. 작은방에서 세 남매가 살았는데 지금 생각하면 좁은 곳에서 어떻게 살았나 싶다. 보일러가 없어서 연탄을 땠고, 엄마는 겨울이면 빨간색 다라이에 물을 받아 놓고 우리를 씻겨주셨다. 그때와 비교하면 지금 우리 아이들의 환경이 얼마나 좋은가 싶다.

동네에 또래 친구들이 많아서 늘 모여서 놀았다. 구슬치기, 딱지치기, 비비탄총 놀이 등을 했고 명절이면 윷놀이, 자치기, 쥐불놀이 등을 했다. 아마 요즘 아이들은 쥐불놀이 같은 놀이는 모를 것이다. 시골이라서 가능했던 놀이다.

여름이면 인근 강가로 물놀이하러 다녔고, 가을이면 꿀밤(도토리)을 주우러 다녔다. 꿀밤을 주어서 쌀집에 팔면 얼마간의 돈을 주었다. 더 많이 따기 위해서 큰 망치를 들고 깊은 산을 돌아다니기도 했다. 지금 생각해 보면 벌과 뱀들이 있어 위험했을 텐데 그때는 참 겁이 없었다. 그렇게 받은 적은 돈으로 동네에 하나뿐인 포장마차 분식집에서 사 먹은 떡볶이, 순대, 오뎅은 정말 맛있었다.

요즘은 학교에서 급식하지만, 우리 때는 도시락을 싸서 다녔다. 지금 생각하면 아이 3명 모두의 도시락을 싸는 일은 보통 일이 아니다. 엄마는 가게 일, 농사일, 집안일도 하셨으니 말이다. 지금처럼 외식문화와 배달 문화가 발달한 것도 아니고 전자레인지, 에어프라이어 같은 조리 도구도 없고, 편의점같이 편하게 먹을 수 있는 간편 먹거리들도 없던 시절이었다. 우리도 아이 둘을 키우면서 입히고 먹이는 게 보통 일이 아닌데 예전엔 오죽했을까? 정말 부지런하지 않으면 힘든 일이다. 참 대단하게 느껴지고 감사하게 생각한다.

초등학교 저학년 때는 할머니 집에 자주 놀러 갔다. 차로 10분 정도 거리에 있었고 야산 밑에 있었다. 사촌 형과 산에 올라가서 전쟁 놀이했던 기억이 난다. 마당에는 우물을 끌어 올리는 펌프가 있었고 방을 데우는 아궁이가 있었다. 불장난을 좋아해서 아궁이 앞에서 나무를 태우곤 했다. 남은 숯불에 고구마를 구워 먹으면 참 맛있었다. 그때는 할머니 집에 가면 신기한 것들이 많아서 좋았다.

또 좋았던 것은 할머니 집에는 포도, 대추, 앵두, 자두, 감 등의 과일들이 많아서 여름이면 과일을 따 먹는 재미가 쏠쏠했다. 지금은 그 집이 없어져서 아쉽다.

　가을이면 학교에서 운동회를 했다. 그때는 동네잔치 같은 분위기였다. 모일 일이 많이 없어서 그랬는지 부모님과 할머니 할아버지 등 온 가족이 함께 모여서 운동회를 즐겼다. 모래주머니 던지기, 차전놀이, 줄다리기, 계주 등은 참으로 재미가 있었다. 모래주머니를 던져 박이 터지면 꽃가루와 글귀가 쏟아지고 점심을 맛있게 먹었다. 김밥, 통닭, 과일 등 평소 자주 못 먹던 것들을 엄마가 사 와서 맛있게 먹었다. 그중 제일 흥미로운 시간은 차전놀이를 할 때였다. 두 팀으로 나누어 큰 나무에 사람이 돌아가는 모습이 멋있었다. "동부야~" "서부야~"를 외치며 높이 들어 올리는 모습은 장관이었다.

　아찔했던 기억도 있다. 여름에 친구들과 만운못라는 곳에 물놀이하러 갔다. 매우 깊었던 걸로 기억하는데 어쩌다 깊은 곳에 빠져버렸다. 수영을 잘못하는 나는 한참을 허우적거리다 친구들의 도움으로 겨우 물에서 나올 수 있었다. 그때 얼마나 무서웠는지 그 후 오랫동안 물을 무서워했다.

　친구들과 신나게 놀다 보면 시간이 가는지도 몰랐다. 여기저기에서 저녁밥을 하는 연기가 피어오르고 엄마들이 아이들 이름을 부르던 모습이 생각난다. 참 정겨운 풍경이다. 가끔은 그 시절 함께 놀던 친구들이 어디서 무엇을 하고 있을까? 그립다. 어린 시절의 추억을 떠올리며 향수에 젖어 든다. 추억이 있어서 참 좋다.

NO.2
이은미

블로그:
https://blog.naver.com/mi2241
네이버 검색: 그림책코치 이은미
유튜브 검색: 오색그림책방

한국미래평생교육원장

오색그림책방 운영

윤슬그림책출판사 대표

한국작가협회 부회장 & 포천지부장

그림책심리성장연구소 경기1지부

전자책, 공동저서. 자서전출판 전문

종이책, 전자책, 그림책, 개인저서 포함 75권 작가

한탄강의 물소리와 햇살이 빚어낸 기억

　햇살과 물소리로 가득 찬 경기도 포천 영북면의 한 마을에서 자랐다. 햇살이 들면 눈부신 물결이 반짝이던 개울가, 그곳이 나의 놀이터였다. 친구들과 함께 개울에 뛰어들어 수영하고, 미끄러운 돌 위에서 다이빙하며 깔깔 웃던 그 시절. 한탄강의 물줄기는 우리 마을을 감싸안듯 흘렀고, 여름이면 물소리와 웃음소리가 뒤섞여 하루가 짧기만 했다.

　나는 명랑하고 착하며 어른들에게 인사 잘하는 아이였다. 어른들이 손빨래하는 개울가에 가면, 나도 옆에 앉아 조그만 손으로 빨래를 거들었다. "은미는 참 예의 바르고 야무진 아이지." 그 말 한마디에 얼굴이 붉어졌지만, 마음 한편은 따뜻했다. 보육원 앞 동네에 살던 나는 어른들의 눈길 속에서 자라며, 펌프질하고 물을 길어 나르며 집안일을 거들었다. 그때의 물소리와 펌프의 철컥철컥 소리는 지금도 귀에 선명하다.

　여름 소나기가 쏟아지면 우리는 원두막으로 뛰어들었다. 친구들과 언니, 오빠들이 함께 둘러앉아 "니어커 하자!"며 외쳤고, 수박을 슬쩍 따서 원두막에서 먹던 '수박 설이'의 짜릿함은 아직도 생생하다. 입가에 묻은 달콤한 수박즙, 그리고 빗소리에 섞인 웃음소리, 그 모든 게 어린 시절의 음악이었다.

가을이면 군부대 앞 99칸짜리 타일런탑 계단에서 가위바위보를 하며 오르내렸다. 겨울이 되면 눈이 소복이 쌓인 언덕에 비닐 자루를 깔고 미끄럼을 탔다. 손끝이 얼어붙었지만, 친구들과 함께였기에 추위조차 신나고 즐거웠다. 그때의 하얀 눈, 붉게 언 손, 그리고 따뜻한 웃음이 내 안의 기억 한편을 아직도 포근히 덮고 있다.

넓은 목장에서 젖소들의 젖을 짜는 일을 도우며 하루를 보냈다. 우물가에서 물을 길어 나르던 내 작은 팔은 늘 바빴지만, 그때의 수고로움이 싫지 않았다. 흙냄새와 풀냄새, 젖소의 숨결이 뒤섞인 그 풍경은 나의 유년을 고스란히 품고 있다.

아빠는 한탄강으로 낚시를 데려가 주셨다. 낚시를 마치고 냄비에 매운탕을 끓여 먹던 그 향기, 그리고 산속에서 함께 끓여 먹던 라면의 맛은 세상 그 어떤 음식보다 따뜻했다. 소회 산과 대회 산을 넘나들며 걸었던 그 길 위에서 나는 세상을 배우고, 아빠의 사랑을 배웠다.

아빠는 내게 늘 말했다. "은미야, 세상은 넓고, 네 마음은 그보다 더 넓단다." 그 말은 지금까지 내 삶의 중심에 머물러 있다.

시간이 날 때마다 시골로 내려오던 작은 삼촌은 나에게 짜장면과 바나나를 사주었다. "우리 은미는 커서 뭐가 되고 싶니?" 그때마다 나는 대답하지 못했지만, 그 질문은 내 마음에 꿈의 씨앗을 심어주었다. 그리고 언젠가, 그림책을 통해 사람들의 마음을 위로하는 어른이 되고 싶다는 생각이 자라났다.

중학교 시절, 만화를 잘 그리던 짝꿍이 있었다. 우리는 영화관 갈 돈을 아껴 만화방에 갔다. 처음 본 만화책의 색감과 선, 그 속의 세계는 너무나 매혹적이었다. 그날 이후 나는 '이야기'를 사랑하게 되었고, 그것이 지금의 '그림책 코치 이은미'를 만들어준 씨앗이 되었다.

문암리의 개울물처럼, 내 어린 시절은 투명하고 반짝였다. 그 시절의 웃음소리, 펌프 소리, 빗소리, 그리고 아빠의 목소리, 그 모든 소리가 지금도 내 마음속에서 하나의 선율로 흐른다. 그때의 나는 세상을 배우고, 사랑을 배우며, 사람의 마음이 따뜻하다는 걸 배웠다.

지금의 나는 그 어린 시절의 나를 안고 산다. 오색그림책방에서 그림책을 펼칠 때마다, 그 물빛 어린 시절이 내 손끝에서 다시 살아난다. 그 시절의 순수와 사랑이 지금의 나를 만들어주었기에 나는 오늘도 감사한 마음으로 이야기한다.

"내 어린 시절은 나의 가장 빛나는 그림책이었다."

한탄강의 물빛은 내 마음의 첫 기억이었다. 햇살 아래 반짝이던 웃음과 손끝의 따뜻함은 지금의 나를 이끄는 조용한 등불이 되었다. 작은 마을의 개울에서 시작된 하루는 사랑과 노동, 기다림과 감사로 채워졌다. 그 시절의 나, 그 순수한 마음이 오늘의 나를 여전히 안아주고 있다.

추억은 흘러가도, 마음의 강물은 여전히 반짝인다. 기억 속의 작은 웃음 하나가 오늘의 희망이 되어줄지도 모른다. 나의 어린 시절이 그랬듯, 다른 누군가의 하루도 사랑으로 물들기를 바란다.

NO.3

박 선 희

네이버 검색: 박선희 작가, 오이작가
블로그 검색:
https://blog.naver.com/wakeupsun
오픈채팅방:
https://open.kakao.com/o/g9wZ4Yvh

더원 인재 개발원 대표 & 더원 출판사 운영

(주)ESG 경영 연구원 이사

한국자서전협회 사무국장 및 창원지사

한국평생교육사협회 이사 (경남)

(재)경남여성가족재단 아카데미 강사

교육학 박사 수료

기업 강사, 기업컨설턴트, 작가, 블로거

전자책, 공동저서, 자서전 출판 전문

저서:『우리는 강사다』외 다수

별처럼 빛나는 아이

나를 찾는 하루 5분 코칭 스킬

1. 어린 시절의 추억을 떠올려 보자. 어떤 추억인가?
2. 어린 시절의 경험이 내 삶에 미치는 영향은?
3. 독자에게 전하고 싶은 한 줄 메시지는 무엇인가?

"그 당시에는 병원이 어디 있었나? 집에서 아이를 낳았지. 순분이 이모가 알제? 이모가 받아 줬제. 얼마나 아팠는지, 니 낳다가 죽는 줄 알았데이. 다시는 아이 안 낳을라고 했제. 그런데, 갓 태어난 얼라 눈이 얼마나 맑고 빛나는지. 하늘의 별처럼 반짝반짝 빛나더라." 어린 시절 나는 어떤 아이였는지 물어보는 내게 엄마는 나와의 첫 만남을 얘기해 주었다. 별처럼 빛나는 두 눈을 가진 아이. 엄마의 이 말은 내게 큰 힘이었다. 나 스스로 특별하다고 느끼게 해 주었다.

부모님은 부동산에 관심이 많았다. 부모님 따라 자주 이사를 하였고, 전학을 많이 다녔다. 초등학교 6년 동안 5번 전학하였다. 1년에 2번 전학한 적도 있다. 소극적이고 내성적인 성격이었다면 견디기 힘들었을 것이다. "호기심이 많고 솔선수범하여" 학교 생활기록부에 기록된 선생님의 말씀처럼, 호기심이 많은 아이였다. 새로운 환경, 새 친구를 잘 사귀었다.

좋은 중학교 배정을 희망했던 부모님의 희망대로 학군이 좋은 초등학교로 이사했다. 초등 5학년 전학은 나를 힘들게 했다. 전학생 선희가 투표에서 부반장이 되었다. 호기심과 솔선수범은 오히려 시기와 질투의 대상이 되었다. 은근한 따돌림. 이미 무리가 만들어진 기존 반 친구들 사이에 들어갈 자리는 없었다. 학교 가기 싫었다. 맏딸로서 고생하는 부모님에게 차마 말할 수 없었다. 일기를 쓰며 울다 자곤 했다.

어느 일요일, 아버지가 산에 가자고 했다. 아버지는 세 아이를 데리고 산행하기를 좋아했다. 초등학교 들어가기 전부터 이른 새벽에 아이들을 깨워 산에 가곤 했다. 산등성이 맛난 콩국 집이 있었다. 어린 남매가 먹고 싶다고 주저앉아 칭얼대도 사주지 않았다. 아버지는 산꼭대기에서 하산하는 길에 콩국을 사 주었다. 참고 견디라는 무언의 교육이었다.

사춘기에 들어선 큰딸과 무뚝뚝한 경상도 아버지의 산행. 산등성이에 오르니, 숨이 차고, 땀이 났다. 고개를 넘어서는 순간, 시원한 바람. "야호" 아버지를 따라 크게 소리 질렀다. "야호" 메아리가 되어 들렸다.

하산하는 길, 콩국과 삶은 달걀을 먹었다. 꿀맛이었다. "선희야. 맛있제? 똑같은 음식도 땀 내고 먹으니까 맛나제? 세상에 공짜는 없다. 사람 사는 것도 마찬가지다."

아버지는 학교생활이나 공부에 대해 전혀 묻지 않았다. 그저 사는 이야기, 풀이나 나무에 관한 이야기, 생각나는 대로 이런저런 이야기를 하며 하산했다. 무엇인지 모르지만, 그날 산행이 내게 위안이 되었다. 그 뒤로 울다 잠드는 일이 줄었다.

아이가 사람 관계로, 일로 힘들어하며, 내게 물어올 때가 있다. 나는 아이와 바람 쐬러 가자고 한다. 한 바퀴 걸으며, 이런저런 이야기를 듣는다. 집에서 말하는 것보다 효과가 있다. 물론, 귀갓길에 아이가 좋아하는 맛난 것 사 오는 재미가 있다. 가끔 아버지가 생각난다. 우리 아버지도 나처럼 흐뭇한 기분이었겠구나 싶다.

지금 내가 사는 모습은 어린 시절의 연장선이다. 20년 후 노년은 지금 내가 하는 말과 행동, 생각이 결정한다. 나는 별처럼 빛나는 두 눈을 가진 아이다. 당신의 가슴에도 별처럼 빛나는 그 무엇을 찾아보자.

어린 시절의 당신을 응원한다!

NO.4
안 은 숙

네이버 검색: 안은숙

유페이퍼 검색: 파키라

작가, 시인

한국자서전협회 성동 지부장

전자책 작가

저서: 『공주의 황금빛 날개』, 『바람의 정령 아이리스』

　　　『로맨스(상),(하)』, 『마지막 웨딩』, 『마이 엔젤』

　　　『안개꽃 당신(상), (하)』

　　　『그리움은 나를 묻고』, 『인생 자서전』 등

사고뭉치였던 나

갑자기 어린 시절의 추억을 소환하니 쓸 내용이 너무 많아 어떤 내용을 쓸지 고민이 많다. 산골 마을에서 유명한 개구쟁이였고 말썽을 많이 부렸던 기억이 많기 때문이다. 그중에서 최고로 기억에 남는 내용만 한 번 추려봤다.

1. 죽음의 말벌

여름이 되자 엄마는 나와 동생들을 데리고 모처럼 외할아버지가 혼자 계시는 집으로 갔다. 우리는 외할아버지를 만난다는 기쁨으로 산등성이에 있는 집으로 힘들게 올라갔지만 안 계셨다. 땀범벅이 된 우리는 집 앞에 있는 조롱박으로 산에서 흐르는 물을 마시며 더위를 식혔다.

동생들은 뜨거운 햇볕이 내리쬐는 뙤약볕이었지만 집 앞마당에 피어있는 여러 종류의 꽃들을 구경하느라 정신없었다. 나는 햇빛이 싫어, 그냥 짧은 마루 위에서 동생들 노는 모습을 지켜봤다. 지루함이 점점 들자 나는 마루 모퉁이를 돌았고 내 머리에 무언가 닿는 느낌이 들었다. 순간 윙윙거리는 소리가 내 귀에 우렁차게 들리기 시작했다.

머리에 닿은 것은 생각지도 못했던 말벌 집이었다. 무작정 맨발로, 마당으로 냅다 뛰는 나를 말벌들이 떼거리로 공격했고, 동생들까지 위협했다. 갑자기 그곳은 나로 인해 아수라장으로 변해버렸다. 나의 비명에 놀란 엄마는 손에 들고 있던 장지갑을 들고 내 몸을 공격하는 말벌을 쫓기 위해 혼신의 힘을 다했다.

정신없이 죽음의 고비를 맞이하고 있던 우리에게 생각지도 않았던 소낙비가 갑자기 하늘에서 내렸다. 그 비는 우리 가족을 살리는 단비였고 모두 퉁퉁 부은 얼굴을 한 채 약을 사서 외갓집으로 갔다. 외할아버지는 그 소식을 들으시자마자 새벽부터 에프킬라 여러 개를 사 들고 본인의 집으로 올라가 말벌을 다 죽여버렸다고 했다. 외숙모는 할아버지가 그렇게 화난 모습은 처음 봤다고 하며 외손주들 걱정에 한숨도 못 자고 새벽부터 그렇게 긴 거리를 버스도 안 타고 걸어갔다고 말했다.

2. 사촌 남동생 엉덩이 화상 사건

두 번째로 생각나는 건 사촌 남동생 이야기다. 나이가 비슷한 또래가 많았던 시절 우리 집은 그야말로 아이들의 놀이터였다. 한참 뛰어놀 시기인지라 금방 청소해도 그 아이들이 어질러놓으면 순식간에 아수라장이 됐다. 처음에는 짜증이 많이 났지만 나도 노는 것을 좋아하는지라 항상 같이 놀았다. 나이 차이 상관없이 함께 노는 그 시간이 제일 즐거웠다.

해 질 녘이 되면 어린아이 빼고는 각자 자신의 집으로 돌아가 농사짓는 부모 대신 각자에게 주어진 소임을 완수하러 집으로 돌아갔다. 나는 그 시간에 소죽을 끓이느라 열을 내고 있었고 정신없이 뛰어노는 개구쟁이 녀석들에게 조심하라고 여러 번 다짐을 받았지만 결국 사달이 나고 말았다.

혹시나 해서 소죽 끓이는 무쇠솥 뚜껑도 닫고 그 위에 있는 나무마루도 닫아놨지만 얼마나 열심히 뛰어다녔는지 순식간에 사촌 남동생 엉덩이가 펄펄 끓는 가마솥에 빠지고 말았다. 나는 너무 놀라 무작정 그 아이를 끌고 수돗가에 서 있으라고 말했다. 나도 어린 나이여서 힘은 들었지만, 정신없이 펌프질을 해대며 엉덩이에 찬물을 쏟아부었다.

얼마 후 그 소식을 들은 고모가 뛰어와 그 녀석을 데리고 집으로 돌아갔고, 고모는 5리를 단숨에 걸어 약방에서 약을 타와 엉덩이에 화상 거즈를 댔다. 다음날 그 녀석이 걱정되어 고모 집으로 가니 동생은 엎드려 있었고 엉덩이는 나 때문에 얇은 이불로 덮여 있었다.

나의 부주의로 인해 사고가 났다고 고모가 화를 낼 줄 알고 내심 걱정했다. 하지만, 의외로 약방에서 내가 한 대처 방법이 아니었으면 상처가 깊었을 거라고 했다며 나보고 고맙다고 말했다. 그 말을 듣고 나니 밤새 걱정했던 마음이 사그라들었다.

3. 감나무 사건

옆집 친구에게 집 앞 감나무에 달린 홍시를 따주겠다고 불렀다. 내 키보다 몇 배나 긴 장대 대나무를 들고 여러 번 홍시를 따려고 휘둘렀다. 하지만 생각보다 장대 무게 때문에 홍시를 따기는커녕 그 아이의 머리 정수리를 때렸다. 정수리에서는 피가 줄줄 흘러내렸고 나는 너무 무서워 산으로 냅다 뛰어 도망갔다. 그 아이가 울음을 터뜨리자, 집에 있던 할머니가 뛰어나와 뒷수습하는 모습이 눈에 보였다. 저녁이 되자 할머니가 괜찮다는 목소리를 듣고서야 산에서 내려갔다.

NO.5

양 선

네이버 검색: 양선

블로그 검색:

https://blog.naver.com/yesing30

여여나무연구소 / 출판사 대표

체질 직업전문가, 기획 프로그램전문가

독거노인 인터뷰 무료 전자책 출판 진행

한국작가협회 이사겸 김해지부장

한국자서전협회 김해 지부장,

전자책, 공동저서, 장애인 전자출판, 재활 전문서적,

자서전 출판 전문, 병원동행 매니저 전문강의

캔바/ 미리캔버스 전자책 전문강사

전자책, 종이책 기획포함 개인 시집 30권 이상

출판 현재 계속 진행 옴니버스 시리즈 1편 부터 13편

주간 베스트셀러왕관 등극 10월 14편 어릴 시절 출간 준비

부산진구봉사센터 캠프장 가야2동 6년차

골목의 풍경

우리 동네는 골목이 많았다. 주변에 기찻길도 있고, 목욕탕도 있었다. 목욕탕 굴뚝에서는 사계절 연기가 올라왔다. 시장에도 늘 사람들이 북적였다. 그 속으로 골목이 연결되어 있었다. 골목에서 언니들과 친구들이 모여서 고무줄놀이나, 돌로 공기놀이를 했다. 매일 양말 바닥이 시꺼멓게 되어서 집으로 들어가곤 했다.

그 시기에는 통금시간이 있어서 저녁 늦게 놀 수 없었다. 그래서 대낮에 언니, 오빠들이 학교 갔다 오는 시간에 대문 밖에서는 다들 집으로 들어가지 않고 가방을 바닥이나 전봇대 주변에 던져 놓고 함께 이리저리 달리며 골목을 휘저으며 놀곤 했다.

이때 제일 많이 한 놀이가 언니들이 놀 때 살짝 끼어들어서 고무줄놀이하고, 작은 돌 5개를 모아서 공기놀이도 하고, 많은 돌을 모아서 편을 나누어 놀기도 했다. 또, 비석치기를 했다. 돌을 이용해서 거리를 두고 선을 긋고 돌 하나를 놓아두고 출발점에서 돌을 신체 부분에 올려두고 떨어지지 않고 가려고 하니 약간의 긴장감이 돌면서 목표지점에 가져가서 놓인 돌에 맞추는 놀이를 매일같이 했다.

놀다가 약간 하늘이 어두워지면 들어가곤 했다. 이런 나를 보고 엄마는 늘 말씀하셨다. "까마귀와 친구 하겠네"라고 말씀하셨다. 어릴 때 사계절 늘 마당에서 화로에 연탄으로 불을 피워 밥을 만들어 누룽지까지 먹으면 너무나 구수하고 맛있었다. 직접 먹어보지 못한 사람은 그 느낌을 모른다.

연탄에 열이 남으면 화로 위에 감자, 고구마를 올려두고 구워서 먹곤 했다. 길다면 길 수도 있지만, 나에게는 아주 짧은 시간이었다. 어린 시절의 많은 기억은 없다. 하지만 골목에서 동네 언니, 오빠, 동생들과 함께 골목 사이로 몰려다니며 뛰어다니던 기억이 제일 많이 남는다. 나의 어릴 적 기억 속 골목의 풍경이다.

골목의 풍경

우리 동네는 골목이 많은 길
좁은 길 너머 기찻길도 보이네
목욕탕의 굴뚝은 사계절 연기가
올라오네

어릴 적 놀이에
비석치기, 실뜨기, 고무줄
놀이하는 언니들 따라
이 골목 저 골목 따라다니니
양말은 늘 까맣게 물들어가네

내 어린 날의 웃음과 발자국이
가득한 어릴 적 놀이터
골목의 풍경

NO.6

김 지 현

네이버 검색: 마음나라연구소

마음나라연구소 대표

사회복지학 박사

한국그림책문화예술협회 인천지회장

SP교육연구소 수석연구원

그림책감정코칭지도사

노인그림책긍정심리지도사

긍정심리인성지도사

옴니버스 인생 책쓰기 공저 작가

꼬마 일꾼의 추억 속으로

어느 날 서랍장을 뒤지다 찢긴 나의 일기장을 몇 장 발견했다. 1987년 7월에 있었던 이야기들이었다. 일기를 읽는데 옛 기억이 새록새록 나면서 미소가 절로 지어졌다. 그때 그 시절로 돌아가 본다.

마을에 한 대밖에 없는 자석식 전화기와 마을 방송 기계가 우리 집에 있었다. 집마다 전화기가 없던 그때는 검은 전화기가 외부와 연락하는 유일한 연락망이었다. 전화가 오면 전화 받으신 할아버지께서는 누구 집 전화인지 확인하시고 방송으로 전화 받으러 오라고 하셨다. 밭에서 일하시던 분들도 자식 전화가 오면 뛰어와서 전화를 받으셨다. 그래서 조부모님과 부모님이 집에 안 계시는 날에는 꼼짝없이 전화가 오는지 지켜야 했다. 할아버지께서 오시는 시간까지 친구들과 놀지 못했기 때문에 할아버지께서 귀가하시는 날은 아주 기분이 좋았다.

나를 집 지키는 아이로 꼼짝 못 하게 하는 것은 또 있었다. 바로 토끼와 소였다. 끼니때마다 내 밥은 못 먹어도 소죽과 토끼풀은 챙겨줘야 했다. 특히 겨울에는 커다란 솥뚜껑을 열어 소죽과 사료를 잘 섞어 챙겨줘야 했는데 솥뚜껑의 무게가 버겁게 느껴졌다. 여름에는 낫과 망태기를 들고 풀을 베러 다녔다. 집마다 소와 토끼를 키웠기 때문에 집 주변에는 풀이 많지 않았다. 동네를 벗어나 한참을 걸어서 논두렁이나 강가에 가서 풀을 베어 왔다. 어느 날 강가에서 토끼풀을 베다가 물컹한 것을 밟아 깜짝 놀라 허겁지겁 길로 올라왔다. 다시 살펴보니 뱀이었다. 다행히 뱀이 가만히 있어서 물리지는 않았다. 얼마나 놀랐는지 그때를 생각하면 아직도 가슴이 벌렁거린다.

우리 집은 누에를 키웠다. 뽕나무밭 한가운데 두 칸짜리 방에서 누에를 키우며 중간중간 뽕잎을 제공해 주었다. 강을 건너서 집을 오가며 부모님의 심부름을 했고, 누에가 먹고 남은 뽕나무 끝의 뽕잎을 모두 따서 집으로 가져오는 일도 언니와 나의 몫이었다. 뽕나무는 잘 휘기 때문에 뽕잎을 따다가 휘리릭 뽕나무에 많이 맞기도 했다. 뽕나무밭을 지나서 산 아래로 더 들어가면 고추밭이 있었다. 100미터 가까이 되는 긴 고랑을 오가며 빨간 고추를 따서 자루에 담아 머리에 이고 집으로 가져왔다. 마당에서 뜨거운 햇살에 말려 고춧가루를 만들어 요리 재료로 사용했다.

벼농사를 짓기 전에는 마늘을 심었다. 마늘을 크게 만들기 위해 마늘종을 뽑아줘야 했다. 마늘종을 뽑아 한 움큼씩 묶어서 담아두면 사러 오시는 분들에게 팔았다. 마늘을 모두 뽑고 나면 벼농사의 시작이 되었다. 모심기할 때는 동네 어르신들이 드실 수 있도록 먹거리를 논으로 가져다드렸다. 벼가 자라기 시작하면 농약을 치시는 아버지를 도와 농약 줄을 잡아드렸다. 벼가 익어가면 학교를 마치고 깡통을 들고 논으로 가야 했다. 애써 지은 벼를 참새가 와서 쪼아 먹기 때문에 "휘이~~" 하며 깡통을 흔들고 참새를 쫓았다. 하지만 참새는 잠시 후면 다시 날아왔기 때문에 저녁때까지 참새 쫓기를 해야 했다.

곡식이 모두 익으면 수확했다. 벼는 낫으로 직접 베고, 마당에서 탈곡기와 도리깨를 이용해서 콩 타작을 했다. 농사철이면 친구와 노는 시간보다 꼬마 일꾼으로 시간을 보냈던 것 같다. 생각해 보면 부모님께 '공부해라'라는 말보다 농사일하라는 말을 더 많이 듣고 자란 것 같다.

나의 일기에는 여름철 수박 이야기도 나온다. 1987년의 수박값은 500원에서 1,000원이었다. 냉장고가 없던 시절 수박을 사 오면 골짜기에서 나오는 시원한 수돗물에 수박을 담갔다가 먹었다. 수박밭에서 직접 가져와 파는 수박을 사서 먹어서인지 아주 맛있었다. 더운 여름 저녁이 되면 골목길 나무 아래에 동네 어르신들과 함께 모여 수박을 나눠 먹었다. 집 앞 개울물에서 부는 바람이 땀을 식혀주었다. 조금 더 어두워지면 수건을 챙겨 골짜기로 들어가 목욕했다. 산골짜기에서 흘러나오는 물이라 차갑기도 했지만 목욕하고 나면 시원하게 잠을 잘 수 있었다.

강가에 자라는 개나리잎은 가짜 돈이 되었고, 작은 풀들은 음식이 되었으며, 동글동글 돌멩이는 공깃돌이 되었다. 나의 놀잇감이 되어 준 그 자연들이 이제는 많이 그리워진다. 부모님의 일손을 도우며 틈틈이 친구들과 온 동네를 뛰어다니며 놀던 나의 어린 시절은 찢어진 일기장에서만 볼 수 있는 행복한 나의 추억이 되었다.

NO.7

심 푸 른

메일: mindonbook@naver.com

블로그

https://blog.naver.com/simbluebook

노인복지학 박사

대한웰다잉협회 전문 강사

노인 사별 배우자 전문상담사

노인통합교육지도사

한국자서전협회 광주지부장

자서전출판지도사

저서:『내 삶이 콘텐츠다』외 다수

네임: 심프로, 로초 작가

골방에 숨었던 아이

어린 시절의 나는 수줍음 많고 내성적인 소녀였다. 초등학교 시절, 큰 오빠가 여자 친구를 데리고 왔을 때 골방에 숨었다. 부모님과 가정환경은 고스란히 내 성격에 영향을 미쳤다. 아버지는 엄하셨고, 교육열이 높았고 모든 사람에게 존경받는 분이었지만 엄마에게 상처가 되는 말씀을 하실 때 나의 가녀린 마음을 콕콕 찔렀다. 그때마다 스스로 나를 골방에 가둔 것 같다.

5살 즈음 집 앞에 있는 대나무밭에서 떨어져 머리를 다친 일. 그러나 누군가 등에 업혀 보호받았던 기억, 겨울에 꽁꽁 언 얼음판에서 놀다 왔는데 엄마는 따뜻한 물에 내 손을 녹여주시며 동상 걸리겠다고 오빠들을 나무라던 일이 떠오른다.

운동을 좋아해서 학교에서 달리기, 족구, 피구 등 선수로 곧잘 뛰었다. 초등학교 1학년 때 달리기를 잘했는지 지구본을 타고 신나게 놀던 나를 담임 선생님이 반강압적으로 데리고 가서 선수로 뛰게 했다.

중학교 때 단감 서리를 하다가 자갈밭에 넘어져 눈썹 끝을 몇 바늘 꿰맸다. 지금은 그 자리에 흉터가 남아 있고 눈썹을 그릴 때 울퉁불퉁해서 속상하다.

중학교 때 자전거 타고 지나가던 남학생의 뒷모습에 반해서 심장이 콩닥콩닥 뛰었던 일도 있었다. 소심한 소녀적 감성이 시골의 정서와 어울려 책을 좋아하고 글쓰기를 하고 글씨를 잘 써서 교실 환경 정리에 한몫했다.

초등 6학년 때 담임선생님을 따라 광주라는 도시를 경험했다. 선생님은 남편에게 나를 수제자라고 소개하셨고 하룻밤을 재워주셨다. 무슨 대회였는지 기억나지 않지만, 그 대회에 참가시키기 위해서 나의 숙박을 챙겨주신 것이다. 나는 지금도 그 좋은 기억이 학창 시절을 통틀어 머릿속에 고이 남아 있다.

나는 외모에 열등감이 컸다. 키는 크고 살이 없는 마른 체형이었고 중학교 시절에 여드름이 얼굴을 뒤덮었다. 쑥스러움을 많이 타는 데다가 얼굴에 여드름이 많아서 숨으려고 했던 것 같다. 가라앉지 않을 것 같던 얼굴의 심란한 여드름이 지금은 흔적이 없으니 얼마나 다행인가.

타인 앞에 자진해서 나서거나 성격이 쾌활한 편이 아니어서 많은 무리 속에서는 나를 찾아볼 수 없었다. 그저 고생하시는 부모님 모습을 보면서 착하고 성실하게 살아야 한다는 올곧은 마음가짐이 학창 시절 성장기 내 가치관이었다.

시골 출신이라 그런지 나는 풀이 좋다. 푸른 풀, 자연, 소나무, 대나무, 나물 음식 등이 친근하고 안정감을 준다. 어린 시절의 기억이 좋아서 심리적인 안정감이 있는지도 모른다. 농사를 짓는 시골집에서 키우는 소, 닭, 개, 고양이, 토끼 등은 친근한 동물들이다. 특히 풀을 뽑아 덩치가 산만큼 느껴지는 소에게 먹이는 게 재미있었다. 모내기할 때 새참을 나를 때 따라다니며 먹었던 밥맛을 생각하면 지금도 입맛을 돋운다.

여름이면 마을 사람들이 집안 가득 모여서 돗자리 재료인 왕골을 짰던 일. 모두 논밭에 나가고 없을 때 어린 나는 혼자 집을 지키다가 천둥번개 소리에 놀라서 울며 엄마를 찾았다. 월남치마를 입고 시장 가는 엄마를 따라간다고 소리치고 쫓아가다가 넘어져서 손바닥에 돌이 박혀 흉터가 생긴 일도 있다.

나의 어린 시절은 좋은 추억만 있는 것은 아니다. 그래도 순수하고 순진한 내 모습이 기억을 스친다. 물질문명에 때묻지 않은 소녀. 문학도 좋아하고 소심한 성격이었으나 담대하고 끈기가 누구보다 강하고 성실했던 소녀.

막내라는 이유로 부모님의 사랑을 많이 받았고 오빠 언니의 사랑도 많이 받았다. 나의 어린 시절이 나를 지탱해주는 기반이 되었다. 어린 시절의 정서는 평생 내 정서를 책임지는 기반이 된 것 같다.

한 가지 아쉬운 점은, 어릴 때 나의 진로에 대한 꿈을 키워주는 멘토는 없었다는 것이다. 내 꿈을 신나게 키워주고 미래의 밑그림을 구체적으로 그려나갈 수 있게 도와주는 사람을 만났더라면 좋았겠다고 생각하곤 했다. 만약 그랬더라면 나는 어떤 다른 삶을 살았을까?

내 안에 또 하나의 '나'라는 내면 아이가 늘 자라고 있는 것 같다. 그런 자아를 대할 때 나는 나를 돌아보며 어린 시절과 성장기를 거쳐 지금에 이른 나의 모든 환경에 감사드린다.

지나온 내 어린 시절이 몹시 사랑스러워 꼭 안아주고 싶다. 소중한 나에게, '고마워'라고 속삭이면서.

NO.8

장 예 진

이메일: cosmos9377@hanmail.net

블로그:

https://m.blog.naver.com/jso0426/222466689265

유튜브: 장예진TV

전화: 010-2449-9377

휘게 심리상담센터 대표

상담심리치료사 박사(PHD)

미술치료상담전문가

갈등조정상담사

저서: 『내 삶의 터닝포인트』 외 다수

닉네임:예진쌤

화목한 사랑의 추억

어린 시절을 생각하면 우리는 대가족이었다. 여선생님들 4분과 사랑채의 교감 선생님 1분, 우리 가족 6식구, 사랑채 일꾼 2분은 공주에서 오셨다. 한 분은 나무를 해와서 장작을 준비하셨고, 부부가 오신 아저씨는 농사일을, 아주머니는 밥을 하셨다.

벼 타작은 탈곡기로 한 달씩 해야 끝이 났다. 두부도 집에서 만드셨는데, 두부판에 넣기 전 순두부에 양념장을 넣고 먹었던 기억이 난다. 그런 맛을 도시에 와서는 맛볼 수가 없다. 단술과 함께 먹으면 별미였는데, 인천에서 결혼하고 입덧이 심할 때 단술이 먹고 싶었지만 이북식은 충북 단술과 전혀 달라서 먹지 못했다.

외할머니는 외삼촌 3분에 엄마가 딸 한 분이라서 자주 오셨다. 나는 어렸을 때 엄마가 늘 한복을 입혀주셨다. 그래서 아버지 우체국에 도시락을 들고 2층에 올라가다가 쏟아져서 울었던 일이 있었다. 그 후로 도시락 배달을 그만두게 되었다.

학교가 끝나고 오면 공기놀이, 자치기, 고무줄놀이를 하다가 집에 들어왔다. 밥 짓는 아주머니는 커다란 밥솥에 오곡밥을 한가득 만드셨다. 오곡밥을 여러 가지 나물 무침과 함께 먹고, 오빠들이 쥐불놀이하는 데 따라다녔다. 밤늦도록 놀다가 집에 들어와서 도토리묵을 한판 만들어 놓으셔서 김치와 김 가루를 올려서 또 먹고 잠자리에 들었다.

인천으로 이사 온 후로는 어린 시절의 그런 놀이를 본 적이 없다. 그때가 좋았다. 초등학교 때 조회 시간에 교장 선생님 말씀이 끝나면 교단에 올라가서 3학년 때부터 졸업할 때까지 율동을 했다. 무용도 잘했고 학교에서 평균대에 올라가서 기계체조를 했다.

총알택시 교통사고를 당하기 전까지 체조를 했었다. 체조 덕분에 어린이집을 긴 세월 두 곳 운영하면서도 피곤한 줄 몰랐다. 아이들과 지방까지 고구마 캐기 견학과 봄 소풍, 가을 소풍을 다녀와도 허리 아프고 다리 아픈 적이 없었다. 건강했고 긴 세월 열정적인 삶을 살았다.

어렸던 아이들이 장성해서 요즘은 결혼 청첩장을 받고 있다. 검사, 변호사, 의사 등이 되어 결혼도 하고 자녀도 출산했다. 아직도 엄마라고 부르는 아들딸들이 있다.

화목한 가족이었다. 방학하면 사촌 오빠들도 우리 집으로 모였다. 가마솥에 감자와 옥수수를 쪄서 따끈한 것을 먹었고, 호박범벅은 별미였다. 도토리묵도 집에서 맛있게 만들어주셔서 밤에는 야식으로 먹었다.

도시로 이사 온 후로 어릴 적에 먹었던 그 맛을 찾아볼 수가 없었다. 그 시절에는 친척들과 사랑도 많았고 정도 많이 들었다. 지금 시대에는 그런 소박함과 그런 정을 얼마나 나누며 살고 있는가?

목욕은 수안보 온천에 가서 하고 작은고모님 집으로 갔다. 맛있는 찹쌀떡과 도넛을 사주셔서 원두막에 올라가서 매미 소리를 들으면서, 고모님이 수박 참외를 따주셔서 맛있게 먹고 집으로 왔다. 지금은 그런 맛을 찾을 수가 없다.

방학하면 냇가에 오빠들을 따라가서 장어도 잡고 메기도 잡고 미꾸라지도 잡고 다슬기도 한가득 잡아서 집으로 왔다. 부추를 넣고 끓여주는데, 지금은 그런 맛을 맛볼 수가 없다. 메기탕은 가마솥에 끓이면 뽀얀 우유 같았다. 양념해 주시는 대로 먹으면 보약이었다. 그 시절이 그리워진다.

그렇게 보약을 먹어서 지금까지 감기 한 번 걸린 적이 없었고 배탈 한 번 나본 적 없이 살았다. 넓은 냇물에 가서 높은 바위에서 뛰어내려 수영도 마음껏 했었다.

겨울이 되면 광에는 대봉감과 식혜, 찰밥 시루가 있었다. 엄마는 노란 냄비에 찰밥을 담고 참기름을 넣고 화롯불에 데워서 우리에게 맛있는 찰밥을 주셨다. 화로에 군고구마도 맛있게 구워주셨다. 노랗게 익은 호박으로 호박죽에 커다란 콩을 넣고 호박죽도 해주셨다.

지금 시대는 그런 맛과 친척들과의 우애와 사랑이 없어진 것 같아서, 추억의 어린 시절을 쓰다 보니 요즘 시대는 다른 세월에 사는 것 같다. 사촌 오빠가 나를 변함없이 아주 예뻐하셨는데 94세에 돌아가신 지가 몇 년이 지나갔다.

그 시절이 그립고 보고 싶어진다.
추억의 어린 시절이라는 제목에 화목한 사랑의 추억을 담는다.

NO.9

최 순 덕

블로그: 명언 길라잡이
(blog.naver.com//csdkso0691)
유튜브 검색: 시니어 클릭세상

직무지도위원

코리안투데이 시민기자

사회복지사, 재난관리사

데이터라벨러, 사전연명의료의향서 상담사

전자책 작가 25권 등록 (100권 도전 작가)

종이책 공동저서 7권 출판

닉네임: 블레싱 메신저, 평생학습자

호롱불이 밝힌 길, 성실의 기록

환갑을 넘어선 지금, 60~70년대의 초등학교 시절을 회상한다. 기억은 아련하지만 그 시절의 가난은 특별한 결핍이 아닌 당연한 일상이었다. 초저녁 잠이 많았던 나는 일찍 잠자리에 들었고, 항상 새벽에 일어나 학교 숙제를 했다. 전기가 없던 시골이었기에 호롱불은 내 삶의 유일한 빛이었다. 하지만 혼자서는 호롱불을 켤 수 없었다. 매일 잠에서 깨자마자 어머니를 깨워서 불을 켜달라고 부탁해야 했던 기억이 생생하다. 호롱불은 삶의 시작과 끝을 알리는 작은 불빛이었고, 그 불빛 아래서 나의 성실함은 싹트기 시작했다.

중학교 2학년 무렵, 마을에 마침내 전기가 들어왔다. 호롱불 시대가 막을 내리고 전깃불 밑에서 새로운 생활을 시작했다. 어둠을 몰아낸 문명의 가장 큰 선물이었고, 이 변화는 삶의 근본적인 환경을 바꾸어놓았다.

그러나 전기가 없던 친척 집에서 끔찍한 사고를 겪었다. 잠결에 머리맡의 호롱불을 건드렸다. 불길이 치솟아 왼쪽 머리가 심하게 타는 일이었다. 하마터면 목숨을 잃을 뻔했다는 사실은 평생 잊히지 않는다. 중학교 2학년, 한창 외모에 민감했던 시절이었다. 머리 모양이 말이 아니게 되어 학교에 겨우 가게 되었고, 그때 느꼈던 창피함과 수치심은 큰 고통이었다. 이 경험은 삶의 위험과 소중함을 동시에 깨닫게 한 각성의 순간이었다.

어린 시절의 공간은 곧 노동의 현장이었다. 우리 집에는 우물이 없어 매일 동네 공동 우물로 가야 했다. 찬물에 손을 시리게 물을 길어 아주 큰 대야에 가득 채워야 일과가 마무리되었다. 그 물의 무게만큼 하루의 책임감이 무거웠다.

시골에서는 농사일을 돕는 것이 의무였고, 학교에서도 농번기 노력 봉사를 며칠씩 나갔다. 낫질에 서툴렀던 나는 손을 여러 번 베었고, 그 상처들은 지금도 노동의 흔적으로 남아있다. 아버지의 영농 지도 덕분에 우리 집은 여러 작물을 재배했고, 그중 담배 농사일은 특히 고됐다. 더운 여름 담배 진액 때문에 온몸이 끈적거려 힘든 나날을 보내야 했다. 학교를 다녀와서는 소를 몰고 나가 배가 불룩할 때까지 풀을 먹이는 일도 중요한 일과였다. 불을 지필 솔잎을 산에 가서 긁어모으는 일은 힘들기보다는 재밌는 추억으로 남아있다.

친구들과는 고무줄놀이, 돌놀이, 딱지치기하며 놀았다. 특히 돌놀이(공기놀이)는 손등에 돌을 올리고 잡아내는 섬세한 기술이 필요했고, 나는 그 기술에 꽤 능숙했다. 남자아이들이 하던 자치기에 눈을 다치는 사고도 있었지만, 할아버지께서 침을 맞으러 데리고 다닌 덕분에 시력에는 문제가 없었다.

초등학교 6학년까지 까만 고무신만 신었다. 운동화를 신어본 적이 없었다. 6학년 수학여행을 가는데도 고무신을 신고 가야 했던 기억은 그 시절 가난의 상징이자 말 못 할 서러움으로 남아있다. 남해 대교에서 찍은 사진 속 까만 고무신이 그 시절을 더 그리워하게 만든다.

한편, 5학년 때 글씨를 잘 쓴 덕분에 담임선생님의 비밀 연애를 돕는 소소한 일을 맡았다. 1학년 선생님의 학습일지를 대신 베껴 써

주고 남은 급식 빵을 얻어먹는 소소한 기쁨이 있었다. 놀이터였던 유년의 공간은 동시에 노동과 소소한 행복이 교차하는 복합적인 일터였던 셈이다.

고등학생이 되자 농사일은 단순한 일상이 아니라 생활의 방해 요소로 인식되기 시작했다. 주말은 쉼이나 문화생활이 아닌 일꾼의 몫이었다. 광주에서 자취하며 고학하는 중에도 매주 토요일 시골로 내려가 밤늦게까지 일하고 일요일에 다시 올라와야 했다. 쉼 없는 노동의 연속이었다.

문화생활은 사치이자 꿈조차 꿀 수 없는 일이었다. 영화 한 편, 음악회, 미술 관람 한 번 제대로 못 했다. 성실하게 공부하고 바른 생활 했지만, 감수성이 예민했던 여고 시절에 추억의 공간이 없었던 것이 가장 큰 아쉬움으로 남는다. 60이 넘은 지금도 그 청춘의 공간은 채워지지 않는 듯하다.

고등학교 졸업 전에 곧바로 취업하여 나를 위한 쉼 없이 42년간 직장 생활을 헌신하며 달려왔다. 긴 직장 생활을 끝내고 은퇴한 후 비로소 시간의 자유를 얻었다. 직장 다니며 이루지 못했던 대학과 대학원 공부를 마쳤다. 이는 늦었지만 포기하지 않은 배움의 성과이며, 나름 치열하게 잘 살아왔다는 자부심을 준다.

현재 과거를 회상하며 아쉬움보다는 감사를 느낀다. 호롱불 아래서 시작된 삶의 기록은 평생교육생이라는 새로운 이름으로 이어지고 있다. 앞으로도 끊임없이 배워나갈 것이다.

어린 시절의 모든 기억을 소환하고 기록하는 이 순간이 가장 행복하며, 소중한 추억들은 현재의 삶을 지탱하는 단단한 힘이 된다. 이 기록 자체가 내 삶의 가장 충실한 자화상이다.

NO.10

박 보 라

닉네임: 보라 꽃

손폰: 010-8575-0572

치매 극복의 날 체험수기공모전 최우수상 수상

전국평생학습관 페스티벌 체험수기공모전 최우수상 수상.

치매 재활 레크리에이션 1급 강사

저서: 『내 삶을 바꾼 질문』 『내 삶의 터닝포인트』 『내 삶의 버킷리스트』

　　　『내 삶의 건강 비결』 『우리 엄마는』 『우리 아빠는』 『우리 가족은』

향긋한 풀 내음 나는 그 시절

나는 어릴 적 군산에 살았다. 정확한 주소와 골목 이름은 희미하지만, 아침 햇살이 따뜻하게 내리쬐던 기억은 지금도 선명하다. 그 시절 흑백 사진 속에 같이 있었던 그 남자애들은 지금은 어디서 살고 있을까. 매일 아침이면 어머니는 내게 옷을 입히고 머리를 단정히 빗겨주셨다. 나는 거울 앞에 서서 어른이 된 듯한 얼굴로 가방끈을 조였다.

당시 다녔던 학교는 군산 중앙국민학교였다. 유치원도 그곳이었던 것 같다. 아이들이 종종걸음으로 등교하던 풍경이 아직도 떠오른다. 친구들은 대부분 통치마에 저고리를 입고 보자기로 책보를 싸서 들고 다녔다. 나는 골덴 세라복에 등에는 가죽가방을 멨다. 어린 마음에 그 복장이 무척 자랑스러웠다.

학교 가는 길엔 늘 재미가 있었다. 친구들과 돌멩이를 차며 걷고 길가의 풀을 꺾어 흔들기도 했다. 그 시절엔 무엇 하나 귀하지 않은 게 없었다. 연필 한 자루도, 보리밥 도시락도, 마당에서 마른 풀을 쓸어모은 빗자루조차 소중했다. 그 무렵 우리 아버지는 해안 파출소에서 근무하셨다고 했다.

어릴 적 오빠는 할머니 댁에서 지냈고 나는 아버지를 따라 이사를 다녔다. 아버지는 경찰 공무원이셨다. 정이 들 무렵이면 다시 이사를 해야 했고 낯선 동네에서 또다시 새로운 교실 문을 열어야 했다. 가방 속엔 늘 채 다 쓰지 못한 공책이 있었고 마음속엔 늘 미처 끝맺지 못한 인연들이 남아있었다.

그래도 나는 공부도 제법 잘했고 노래도 좋아했다. 초등학교 2학년 때 학예회 독창 대회에 나간 적이 있다. 산비둘기 구구구 숲속에서 구구구 맑은 목소리로 노래를 부르며 무대에 섰던 그 순간이 지금도 기억에 생생하다. 합창대회에서는 성냥불도 조심조심 담뱃불도 조심조심 그 순간들은 지금도 가슴속에서 반짝인다.

전북 성산국민학교를 시작으로 임실, 군산, 화순, 동복, 이서, 한천, 장성, 서창, 극락, 수창, 산포, 학교마다 새로운 친구, 새로운 교실, 새로운 풍경, 아이들 이름은 가물가물하지만, 그들의 웃던 얼굴과 운동장 흙먼지는 아직도 기억 속에 남아있다.

고향으로 돌아온 것은 초등학교 5학년 때였다. 그곳에는 전교생이 몇십 명, 반이 고작 두 반뿐인 작은 시골 학교였다. 서로의 이름을 알고 누가 밥을 많이 먹는지 누가 운동을 잘하는지도 다 알았다. 나는 비로소 낯선 이가 아닌 고향의 아이로 받아들여졌다. 말투도 냄새도 옷차림도 익숙한 곳 내 어린 날의 진짜 시작이었다.

그 무렵부터 나는 자연과 가까워졌다. 같은 동네 친구들과 나물 캐러 들에 나가고 냇가에서 다슬기를 잡았다. 새벽 물안개 속에서 주전자 하나 들고 다슬기를 채우는 일은 고된 듯하면서도 신나는 놀이였다. 그렇게 잡은 다슬기로 끓인 된장국 그 맛은 세월이 흘러도 잊히지 않는다. 칼조개와 재첩도 잡아 와 어머니가 끓여주신 된장국 그 맛은 65년이 흐른 지금도 잊히지 않는다. 입안 가득 퍼지던 짭조름하고 구수한 맛은 가을 들녘 바람만큼이나 향긋했다.

가을이면 누렇게 익은 논두렁에서 메뚜기와 방아깨비를 잡았다. 어린 손으로 채를 들고 쫓고 뛰며 숨을 죽이며 나뭇가지에 붙은 메뚜기를 잡아 와 가마솥에 볶아 먹었다. 입에 넣으면 고소한 향이 퍼졌고 마치 가을 한 조각을 그대로 씹는 기분이었다.

지금 생각하면 모든 것이 단순했지만 그 단순함이 참 따뜻했다. 누군가는 그 시절을 가난이라 말할지 모르지만 내게는 가장 풍요롭고 빛나던 시간이었다.

지금도 나는 그 냇가를 떠올린다. 물 맑고 바람 좋던 그 시절 햇살을 받아 반짝이던 다슬기들 된장국 속 재첩을 맛있게 까먹던 기억들, 손끝에 맴돌던 가을 햇살, 어쩌면 나라는 사람의 뿌리는 그곳에 그 시절에 깊이 내려져 있는지도 모르겠다.

어릴 적 행복했던 그 시절로 돌아가고 싶다. 보고 싶은 동무들아! 함께 쑥 캐고 쑥부쟁이 캐고, 나물 캐다가 주인에게 쫓겨서 도망갔던 일, 지금도 다들 어디에서 살고 있을까?

2장.

가족과 친구들

NO.11
김미옥

블로그:

https://blog.naver.com/k960722-

사회복지법인 제주공생 희망나눔종합지원센터 센터장

한국사회복공제회 대의원

2022년 5월 31일 전안나작가와의 만남과

'하루 한 권' 책 읽기 결단-매일 책 밥 먹는 여자

2022년 8월 10일 네이버 블로그개설(예비작가 Kim)

옴니버스 인생 책쓰기 공저 작가 2편~14편 참여

책 모임 '헵시바' 리더 및 1일 1 감사 나누기 실천

사회복지사 1급, 약물중독전문가 2급

한우리 독서지도사 및 평생회원

다섯 가지 추억 더듬기

추억이란 지난날을 돌이켜 생각하는 것을 사전적 의미로 해석할 수 있다. 이처럼 우리는 적어도 몇 가지 추억을 간직하며 살아가고 있을 것이다. 나는 1968년생으로 육십을 바라보는 중년의 나이이지만 힘들고 지칠 때면 유년 시절과 청소년 시절의 추억으로 고비고비를 넘어갔던 기억을 부인할 수 없다.

첫 번째 기억은 2남 3녀의 장녀인 나는 유년 시절을 돌아보면 마치 어린 엄마 같은 삶을 살았다. 나 혼자 맘껏 친구들이랑 놀아보는 것이 소원이었다. 늘 동생을 등에 업거나 동반했었다. 어느 날은 등에 업힌 동생이 울음을 그치지 않아 다리를 꼬집기도 했고, 밭일하는 엄마에게 젖을 달라고 소리치기도 했었다. 부모님의 바쁜 농사일로 인해 동생 돌보기, 집안일 청소, 빨래는 늘 내 몫이었다.

나의 집안일은 학교를 졸업하고 직장 다닐 때도 여전히 계속되었다. 그때는 철이 들고 엄마의 힘든 상황을 이해하면서 조금이라도 힘이 되고자 하여 자청하여 집안일을 담당했었다. 힘들었지만 돌아보니 그때가 참 행복했었다.

두 번째 기억은 열두 살 무렵 초등학교 5학년 겨울 방학, 아버지 자전거로 동생들과 자전거 타기 연습하던 기억이 선명하다. 중심을 잡지 못해 몇 번이고 넘어지고 동생들이 뒤에서 잡아주고 그렇게 하기를 수십 번 만에 비뚤비뚤 자전거 페달을 밟고 드디어 자전거를 혼자 타던 기억이 있다. 그때 배운 자전거 기술이 오십 년이 다 되어 가지만 어제 배운 것처럼 자연스럽게 자전거를 탈 수 있다. 나 혼자 처음으로 신작로를 달리던 그때의 스릴감은 지금도 아찔하다.

세 번째 기억은 5~6학년 겨울 방학 때 교회 선생님 댁에서 성경 시험을 대비하여 몇몇 친구들과 성경 공부하며 선생님 사모님이 차려주신 밥상에 대한 기억이 있다. 선생님의 사모님이셨던 권사님이 차려주신 간식과 점심상에 대한 기억은 내 삶의 추억이 되었다.

지금처럼 간식거리가 없던 시절 고작해야 감자나 고구마를 삶아 먹던 것이 전부였을 때 동네 앞 바닷가에서 보말을 잡아 삶아 주기도 했다. 어느 날은 시커먼 바닷게를 잡아 튀김옷을 입혀 튀김으로 내놓으시기도 했다. 성경 공부보다는 간식과 점심 먹던 기억이 더 또렷하다.

네 번째 기억은, 아버지의 첫 자동차 빨간 포드를 타고 온 식구가 천지연 관람과 기념사진 찍기 그리고 자장면을 먹던 가족 외식이 선명하다. 면류를 좋아하는 가족들에 반해 나는 면류를 좋아하지 않았는데 그때 가족과 함께 먹었던 자장면 맛은 지금도 또렷하다. 그때 찍었던 가족사진이 빛바랜 아버지의 앨범에 고스란히 남아 있다. 엄마 살아생전 말씀이 그해 농사한 콩을 팔아 온 가족이 새 옷을 한 벌씩 입고 아버지의 중고 포드 자동차 시승식 겸하여 시내 관광과 가족 외식을 했었던 모양이다. 이 빛바랜 사진 한 장이 추억이 될 줄을 그때는 차마 몰랐을 것이다.

다섯 번째 기억은 초등학교, 중·고등학교 때 해마다 여름이면 교회에서 연중행사처럼 참여했던 여름성경학교에 대한 추억이다. 대부분 2박 3일 동안 집을 떠나 교회나 수련회 장소에서 교회 친구들과 함께 모여 지냈던 기억이다.

지금처럼 놀거리가 없던 그때는 유일한 놀거리가 되었고 친구들과 어울릴 수 있는 좋은 시간이 되었다. 또한 무엇보다 모태신앙으로 자란 나는 그때 수련회를 통해 인격적으로 신에 대한 존재를 확인하기도 했다. 그때 만난 신앙과 믿음으로 지금도 살아내고 있다. 주일 아침마다 주일예배 가기 전 온 식구가 함께 드렸던 가정예배의 추억도 나의 믿음을 돈독하게 해 주었다. 아버지가 들려주셨던 성경 말씀과 함께 올려 드렸던 찬송과 기도는 내 삶의 원동력이 되기도 했다. 가장 귀한 신앙과 믿음을 유산으로 물려주신 나의 부모님께 감사한 마음을 전해 본다.

돌아보건대 나도 어버이로 살아온 시간이 삼십 년이 되었다. 우리 아이들에게 나는 어떤 어버이로 자리하고 있을까? 라고 자문자답해 본다. 우리 두 아들은 유년 시절 그들의 가슴에 어떤 추억을 담고 있을까? 묻고 싶어진다. 다음 주면 떨어져 지내는 큰아들도 추석 명절로 입도하면 간만에 네 식구가 완전체로 모이게 될 것이다.

이제 성인이 되어 가정을 이룰 나이이지만 우리 엄마가 그랬듯이 나도 우리 아이들이 나에게 여전히 어린 아기이다. 이번 추석 연휴 시간 동안 두 아들에게 추억 하나 만들어 주었으면 좋겠다.

NO.12

김 종 호

닉네임: 떡보

전화: 010-8571-0063

감정코칭지도사

힐링명상지도사

웰다잉 전문강사, 사전연명의료의향서 상담사

BMCT 홈닥터(뇌인지 / 마음 / 언어 상호작용 지도사)

전직 군인(해병대 34년 복무)

군상담 슈퍼바이저

전문상담사

50여 년 전의 추억 소환

1. 시골 정서와 잦은 병치레

나는 1962년 3남 2녀의 막내로 태어났다. 농사를 짓던 우리 집은 할머니와 부모님, 5형제 자매가 함께 살았다. 사철나무 울타리와 함께 느릅나무, 때죽나무, 감나무, 포도나무, 석류나무, 파초나무(바나나 열매) 등이 옹기종기 자리 잡고 있었다. 그 안쪽에 장독대가 있었고, 그 너머로 겨울에 감자, 무 등을 저장할 조그만 굴이 있었다. 가을이면 감, 포도, 석류를 탐스럽게 볼 수 있었던 환경이라 지금 생각하면 시골 정원 그 자체였다.

여느 시골 다 마찬가지지만 아이들은 학교 공부보다 집안 일꾼에 더 가까웠다. 형·누나들은 말할 것도 없고. 나도 초등학교 입학하기도 전에 이미 소를 몰고 다니며 아버지와 함께 들 일을 다녔다. 어느 날 들 일을 하러 갔는데 나보다 몇 살 더 먹어 보이는 소년이 논두렁에서 울고 있었다. 아버지가 다가가서 왜 그러냐고 물었는데 집이 없는 고아라는 말에 그 길로 우리 집 머슴이 되어 아랫방에 기거했다. 아버지는 일꾼이 한 명 생긴듯한 느낌이었고, 학교 공부는 시키지 않았던 것 같다. 지금 기억해 보면 대략 10살 조금 넘었을, 이름이 '성열'이라는 형이다.

당시의 소들은 집안 최고 일꾼이자 살림 밑천이었다. 농사일의 약 70%는 소가 다 하는 것 같았고, 또 새끼를 배면 자식들 교육의 종잣

돈이 되었고, 부릴 소와 내다 팔 소가 구분되었다. 주로 암송아지는 일할 소로, 수송아지는 재산증식의 수단의 되기도 했다. 그리고 염소, 닭, 토끼, 개, 고양이도 우리 식구였다.

봄이 되면 누나들과 쑥 캐러 다녔다. 그것을 엄마는 쑥버무리로 만들어 함께 맛나게 먹었다. 여름이면 고구마줄 끊어서 이식하고 보리 베기, 모내기, 피 뽑기가 주 일이었고, 그래도 논고둥(우렁이)과 미꾸라지를 잡아 저녁에 포식한 기억도 난다. 가을이면 가을걷이로 바빴고, 겨울이면 소 여물 치기, 소 죽 끓이기가 주 일이었지만 아궁이 속의 군고구마도 추억이었고 연날리기, 구슬치기, 딱지치기, 십자칼생, 도둑잡기 등 어린 시절의 놀이도 재미있었다. 아버지와 작은 형이 만들어준 얼레와 연도 기억나고, 큰 형은 공장에서 일하면서 설이면 새 돈으로 용돈을 주었다.

나는 대가족과 가축, 울타리 나무 정원이 함께 하면서 자연친화적인 정서가 몸에 배었던 것 같다. 하지만 초등학교를 아홉 살에 들어갔다. 잘 아프고 키도 잘 크지 않아서 늦게 그것도 엄마 등에 업혀 갔다. 배가 아파 잘 토하고 조퇴를 했던 기억도 있다. 동네 어른들은 나를 "돌 크듯이 크는 아이"라고 했다. 엄마는 막내아들이 병치레를 자주 하는 것이 여간 신경 쓰이지 않았을 터다. 어린 기억이지만 염소, 자라, 잉어 곰국 등 보약 같은 것도 자주 먹었다. 50여 년 전의 일이지만 고마워, 엄마...

2. 정동마을 5인방과 밤서리 사건
자라면서 동네(정동마을이라고 칭함)의 친한 또래들이 다섯 명 있었는데 봉관이, 수영이, 동익이, 종재, 나다. 초등학교를 같이 다니는 마을 친구였기에 누구보다도 친하고 각 집의 사정도 잘 알고 지냈다. 공부도 같이하고 산에 나무하러도 같이 다녔다. 어느 날 소 꼴도 준비하면서 탱자나무 울타리 너머 탐스럽게 영글은 밤을 보고, 의기투합했다. 소들은 한 사람이 도맡아 보고, 나머지는 밤서리하러 밤밭에 들어가기로 했다.

적당히 밤을 따서 울타리 밖으로 나오다가 주인한테 들켜서 골방에 갇혔다. 두어 시간이 흘렀을까? 누가 걸어오는 소리가 나길래 귀를 쫑긋거렸다. 문고리를 열고서는 빨리 도망가라고 했다. 고맙다는 말도 못 하고 도망쳤다. 다음날 학교에서 미자를 만났는데 그녀는 우리가 잡힐 때부터 다 알고 있었고, 아버지한테 욕 들어 먹을 각오하고 골방 문을 열어 준 것이었단다. 이렇게 고마울 수가... 지금쯤 다들 어떻게 살고 있을까?

3. 삶의 회고

오른쪽 그림은 발 파이브(손자와 나) 장면이다.

가끔 손주를 돌보며 많은 것을 느낀다. 언젠가 저 녀석 발이 내 발만 하게 될 때 모든 인간은 두 번 아기가 된다. 아기는 태어날 때와 노인이 될 때이다. 세상만사가 프랙털(fractal) 구조임을 실감한다. 그 구조 속에 보고 싶음과 그리움이 묻어있다. 그러니 흙으로 돌아간 부모님과 시절 인연, 오사자연(吾師自然)의 마음으로 늘 감사하고 현재를 즐기자. 그리고 또 만나자.

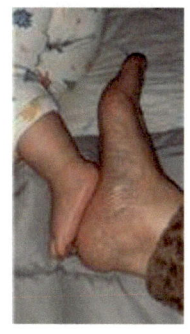

NO.13
한 기 수

블로그:

https://blog.naver.com/rltn1334

네이버 검색: 한기수

전화: 010-9763-1334

한국남성행복심리상담연구소 대표

여여나무연구소 국장

방과후 늘봄 돌봄 체육전문강사

학교 체육전문 강사

개인시집 전자책 시집 2권(1집 베스트셀러등극)

옴니버스 인생책쓰기 시리즈 50인 공저 2편~13편

(주간 베스트셀러 등극)14편 출간 준비

한국작가협회 김해지부 준 회원

한국남성행복심리상담연구소 무료 상담 중

부부상담, 남성전문상담, 성예방상담, 청소년상담, 성상담

이소룡을 사랑한 아이

초등학교 들어가기 전의 나는 걷지도 못했다. 어머니 등에 업혀이 병원 저 병원 다닌 기억뿐이다. 어머니 정성 덕분이었는지 건강하게 학교 들어갔다. 근데 문제는 어머니의 건강식이었다. 위로는 자라지 않았고 옆으로만 자랐다. 쉽게 말하면 한 덩치 했다는 것이다. 개구리, 뱀, 지네, 등등 그리고 제일 힘들었던 게 황토 물먹는 것이었다. 한 달 동안 먹어야 하는데 제일 고역이었다. 키를 키우고 싶은데 살도 같이 찌니 약간은 울적했다.

그렇게 난 4학년 때쯤 몸무게 78kg 키 168cm 건강하게 성장했다. 그리고 그때쯤에 이소룡이 인기 짱이었다. 나도 절도권과 쌍절곤을 열심히 했던 기억이 난다. 매일 연습을 했고 애들에게도 많이 가르쳐 줬다. 내가 자란 곳은 산과 바다, 그리고, 조선소 사업이 시작하는 단계이다. 지역마다 외지인이 많이 들어왔다.

그래서 외지인들이 들어와 술을 먹고 행패를 부릴 때 가끔은 도움이 되었다. 여름이면 바다에서 살았다. 학교 하교 되면 친구들과 바닷가에서 해산물들을 채취해 시장에 가서 팔아서 생긴 돈을 맛난 거사 먹곤 했다.

바다의 4인방 여름방학이면 친구들과 주위의 바다를 휩쓸고 다니고, 동네 어른들에게 야단을 많이 들었다. 메뚜기 잡는다고 논두렁에 불 질러서 온 동네 사람들 불러냈고 비닐하우스에 사는 닭들이 불쌍하다는 생각에 비닐을 다 찢어 버리는 바람에 학교에서 화단 화장실 청소한 기억도 난다. 목사님 아들이 귀신은 없다고 우기기에 친구와 짜고 화장실에 귀신 분장으로 목사님 아들 기절 시키고 부모님 호출로 뒤지게 얻어맞은 기억 당근밭에 들어가 몰래 빼먹다가 주인에게 잡혀 이틀 동안 일 거들어 드리곤 했다.

그리고 한 덩치를 하다 보니 군내에서 벌어진 모든 체육대회는 학교 대표로 출전해서 나름대로 성적을 거두었다. 나의 모교인 장승포 초등학교는 지금 "축구"로 유명하다. 근데 창단 멤버는 바로 나다. 별다른 훈련 없이 그냥 친구들과 놀던 실력으로 시합에 나가서 1회 전에서 2:0으로 지는 바람에 나의 축구 인생은 끝났다. 그때 생각하면 웃음이 나온다. 그리고 지금까지 나의 모교는 축구는 이어가고 있다.

지금 아이들에게는 상상도 하지 못했던 나의 어린 시절이었다. 수도 없이 친구들과 싸우고 물고 그렇게 다시 화해해 가며 어린 시절 보냈다. 먹을게 귀했던 시절 점심시간이 다가오면 난 집에서 몰래 들고 온 큰 다라이 깨끗이 씻어 준비했다. 그럼 60명이 넘는 아이들이 가져온 도시락 한곳에 모아 비볐다. 정말로 가난해서 담임 선생님을 설득해 점심시간마다 잔치를 벌였다.

고맙게도 밥을 더 가지고 오는 아이부터 선생님은 비싼 참기름까지 가지고 오셔서 같이 먹었다. 그 시절 우리에게는 행복이고 즐거움이었다. 다시금 어린 시절로 돌아간다면 산속에 비밀의 우리 아지트를 만들었던 4학년과 사계절을 돈 번다고 바다를 돌아다닌 5학년, 모든 운동 대회에 나가 상 타고 학교에서도 내 이름을 알아주었던 6학년 딱 이렇게만 돌아가 보고 싶다.

많이 뛰어 놓고 다쳐보고 울고, 웃고, 많은 사고를 쳤지만, 지금은 나의 미소가 되었다. 친구들과 민물고기를 잡겠다고 조그만한 강을 막아서 어른들에게 골칫거리 중의 골칫거리라는 소리를 들었던 그 시절 정말 그립다.

반백 년이 넘어가는 지금 재미있게 노는 아이들의 웃음소리가 그립다.

NO.14

윤 국 주

이메일: ykj254794@gmail.com

연락처: 010-6647-9975

공직 34년 근무(재직)

글쓰기활용전문지도사(자격증)

거북이 걸음

나의 어린 시절 중 제일 먼저 떠오르는 장면은 집 문 앞에 앉아 있던 어린 여자아이의 모습이다. 가족들은 다 나가고 집에 혼자 남아 놀 거리가 없으면, 집 문 앞에 있는 댓돌에 쪼그리고 앉아 이른 봄의 싸늘한 바람에 웅크렸다가 포근한 햇살에 온몸이 노곤해져서 꾸벅꾸벅 졸던 생각이 난다.

내 기억에 나는 그저 조용히 어른들 이야기하는 것을 듣고만 있는 아이였다. 종이 인형에 옷 입히고 놀던 혼자 있는 집, 홀로 있는 방, 나는 혼자인 것이 자연스럽고 편안했다. 7남매의 막내였지만 부모님은 먹고사는 일로 바빠서 막내딸이라고 특별히 챙겨줄 여유가 없으셨다. 내가 갓난아이 적엔 언니들이 번갈아 가며 엄마 대신 나를 업어 키웠다고 들었다. 곱슬머리에 이국적으로 생겼고, 속눈썹이 길어서 성냥개비를 두 개나 올리며 장난을 쳤던 기억이 있다.

가족들의 무관심 속에 혼자 놀던 나를 설레게 한 일도 있었다. 가끔 아버지 가게에 가면 아버지가 동전을 쥐어 주었다. 뜻밖에 받은 돈으로 맛있는 과자를 사 먹을 생각에 그 순간만큼은 내가 특별해진 듯했다. 기분이 한껏 부풀어서 마치 풍선을 달고 둥둥 떠다니는 것 같았다. 과자는 아껴 먹다가 집으로 들어가기 전에 아랫집 담벼락에 숨어서 다 먹고는 안 먹은 척하고 들어갔다. 그런 나의 시치미 떼기는 금방 들통나고 말았다. 오빠와 언니가 이미 봐서 알고 있었다. 막내 오빠는 과자를 하나도 안 남기고 집에 들어온 나를 욕심쟁이라고 쫓아다니며 놀렸다.

6살 무렵 어느 날, 같이 놀던 친구들이 놀려서 억울하고 속상하여 울면서 집으로 왔었다. 마침 마당에 서 있는 엄마를 보자마자 더 큰 소리로 울었다. 갑자기 엄마는 나를 잡아당기더니 자초지종도 묻지 않고 마구 때렸다. 엄마가 나를 보듬어 주며 달래주리라는 기대는 가차 없이 무너져버렸다. 울음이 언제 그쳤는지도 모른 채 나는 얼이 빠져 멍하니 서 있었다.

뒤늦게 정신이 들었는데 옆집 아주머니가 나를 측은한 눈빛으로 쳐다보고 있었다. 그 순간 나는 너무 부끄러워 숨고 싶었다. 나중에 안 일이지만 엄마는 예비 큰 사위 방문에 여러 가지 준비로 바빴는데 무엇인지 모를 일로 화가 많이 나 있었다. 어쩌면 엄마의 화풀이 할 상대가 필요했던 때마침 내가 동네가 떠들썩하도록 울고 집으로 왔던 것이었다. 그 이후에도 엄마는 그날처럼 나를 화풀이 대상으로 삼듯 이유 없이 주먹으로 때리곤 했다.

가족들은 나를 말이 없는 아이로 여겼다. 그러나 나는 원래부터 말이 없는 아이가 아니었다. 엄마에게 이유 없이 매 맞은 충격 때문인지는 알 수 없어도, 내 말을 들어주는 사람이 없어서 말을 안 했을 뿐이고, 내가 하고 싶은 말을 참았을 뿐이다. 무엇보다도 가족들은 내게 관심이 없었고, 나는 부모님으로부터 칭찬도, 그렇다고 꾸중도 직접 들은 일이 거의 없었다.

그렇지만 엄마는 눈이 잘 보이지 않는다면서도 어린 나를 엄마 무릎에 눕혀 머릿니를 잡아준 일, 간호사가 채혈할 때 혈관을 찾지 못하여 여러 번 내 팔을 찌르자, 간호사를 나무라며 무서움에 움츠려 있던 나를 편을 들어주던 모습, 내가 중학교 때 영어 공부를 잘해서 반에서 1등 한 것을 자랑하고 다니셨고 집이 가난해서 공부를 더 잘 하도록 뒷받침하지 못해 미안하다고 말씀하셨다.

어린 시절 그때의 기억이 뒤늦게 지금에서야 엄마의 따뜻함과 사랑을 느끼게 되었다. 내가 가장 좋아했던 음식은 엄마가 고추장과 설탕에 버무려 무친 마늘종 무침과 장떡이었고, 엄마와 같이 지낼 시간이 많지는 않았지만, 어쩌다가 엄마가 지어낸 이야기를 해 주실 때 아이처럼 환한 미소를 짓던 엄마의 모습이 참 좋았다.

내 어린 시절은 혼자 지낸 시간이 많아서 기억에 남을만한 사건이 없었기에 밋밋한 삶이었다고 생각했다. 그러나 어릴 적 기억을 오랫동안 더듬다 보니 엄마의 따뜻한 숨결을 느끼는 일도 있었고 엄마 마음속의 나에 대한 자부심도 있었음을 알게 되었다.

따사로운 봄 햇살 속에도 차디찬 바람이 섞여있고, 불볕더위의 여름을 견딘 뒤에 상쾌한 가을바람을 맞이할 수 있듯이, 삶도 그렇게 아픔과 시련 속에서 작은 깨달음을 얻으며 익어간다. 어렸을 적 내 상처는 조금씩, 꿋꿋이 나답게 서게끔 이끌어주었다. 내 삶은 느리지만 천천히 거북이걸음처럼 나만의 속도로 묵묵히 걸어왔다. 눈물을 삼키며 견뎌낸 시간 속의 삶은 지금의 나를 단단하게 빚어 올렸다.

NO.15

이정원

네이버 검색: 이정원
유튜브 검색: 탐블루스의 일상
블로그: 탐블루스의 일상

삼화유업 경인지사 영업 대리
김포시 직장인 밴드 어울림(現 허거덩) 보컬

내 삶을 바꾼 5가지 발견

가장 암울한 시기였지만 한편으로 가장 소중했던 나의 중학생 시절. 용인 수지 상현동 만현마을 성원상떼빌 305동 1806호. 20년이 지난 지금도 잊을 수 없는 우리 집 주소다. **칠흑같이 깜깜했지만 가장 환하게 빛났던 집으로 기억된다.**

아버지의 사업 부도로 강남에서 강서, 또다시 수지로 이사했다. 전학 처리가 늦어져 잠시 강남까지 **새벽 통학**을 해야 했고 이사 온 집은 36평 넓은 아파트였지만 전기세가 밀려 밤에는 칠흑 같은 흑암 속에 촛불을 켜고 살았다. 구멍 난 운동화는 비가 오면 물이 새어 발가락이 퉁퉁 불었고 겨울이면 동상에 걸렸다. 그렇게 나의 10대는 갑작스러운 가정 형편의 몰락으로 전학과 이사를 하며 새로운 환경에 적응해야 했다.

신설인 수지 상현중학교에 전학 온 첫날 2학년 담임선생님 "신설 학교라 학생 수가 많이 없어..." 하시며 교실로 안내했다. 넓은 교실에 자습하고 있는 학생 두 명. 그렇게 나의 번호는 3번이 된다. 수업 시간은 소그룹이어서 한눈팔 수도 없었다.

아무리 못해도 전교 3등이니 가끔 어른들이 성적을 물어보면 장난삼아 전교 3등이라며 혼자 웃은 적도 있다. 그렇게 한 명, 두 명, 나를 뒤이어 전학을 왔다. 전기가 끊어져 아무것도 할 수 없는 집보다는 추울 땐 피난처가 되고 더울 땐 시원한 에어컨이 있는 학교와 교회에 있는 시간이 더 좋았다.

이런 나의 삶에 어느 날 5가지 힘(5력-영력, 지력, 체력, 인력, 경제력)을 구하라는 목사님의 말씀. 예배 시간 목사님의 말씀은 힘든 내가 버틸 수 있었던 원동력이었다. "주님, 제게 세계복음화할 만큼의 5력을 부어 주세요. 우리 집 현실은 암담하고 희망이 없어 보여요."라고 기도했다.

하지만 기도하기 전에 이미 와 있는 응답들. 기도 응답은 환경의 변화가 아니라 하나님의 눈높이에서 내 문제를 보고 재해석할 수 있는 관점의 변화로 왔다. 그동안 장애물이라고만 생각했던 문제들이 사실 하나님이 주신 포장된 응답이었다.

1. 일찍 등교해 빈 교실에서 **성경 읽기와 기도**로 시작하게 된 아침은 **영력(靈力)**을 준비할 수 있는 시간이었다.

2. 아침 개인 예배 후 예습과 복습 시간은 **지력(知力)**을 키웠다.

3. 자전거로 등하교하며 버스비까지 아껴야 하는 상황은 새벽 공기로 유산소 운동을 할 수 있는 **체력(體力)을 기르게 했다.**

4. 일찍 등교하니 1등 하는 친구와 친해지고 그 친구는 내게 수학 문제를, 나는 그 친구가 궁금해하는 성경 말씀을 전해주며 좋은 친구를 얻는 **인력(人力)의 응답**이었다. 서른이 넘은 지금까지 그 친구는 내 단짝이다. 부유한 환경에서만 자라던 내가 가난한 친구들의 환경을 이해하게 되어 **마음의 그릇을 키우며** 더 많은 친구를 사귀게 되었다.

5. 자전거로 등하교하며 아낀 버스비로 적지만 **내 힘으로 헌금과 저축을 하며 어려서부터 규모 있는 경제력(經濟力)을 갖게 했다.**

아버지의 사업 부도가 나에게 모든 것을 앗아갔다고만 생각했다. 주변에 수북이 쌓아놓은 응답인 감사의 제목을 발견하지 못하고 충분히 빛나갈 수도 있었던 청소년 시절. 오히려 그 상황 때문에 하나님과 친밀해지고 학업에 전념할 수 있었다.

전기세를 내지 못해 불이 꺼진 깜깜한 집은 내 발걸음을 교회로 인도해 말씀의 사람이 되게 하셨고. 학생 수가 적은 신설 학교로의 전학은 비싼 과외비 없이도 담임선생님과 독대하며 일대일 고액 과외를 공짜로 받는 특권이었다.

성원상떼빌 305동 1806호. 우리 집은 가장 깜깜했지만 가장 빛났던 집이었다. 촛불 아래 엄마와 함께 한 예배와 식사도 이제는 아름다운 추억이다. 어머니가 늘 말씀하시던 것처럼 하나님은 언제나 내가 구하고 바라던 것보다 더 좋은 것을 주시는 분이시다.

글을 마무리하며 다시 한번 내게 묻고 다짐하고 싶다. 시간이 지나고 먼 훗날 추억으로 감사할 것인지 문제 속에서 현재 진행형으로 감사의 제목을 발견하며 살 것인지.

어머니의 권유로 처음 글쓰기에 도전하지만, 과거를 되돌아보며 내게 질문해 보는 너무 좋은 기회였던 것 같아 감사하다.

나의 어린 시절, 불행과 행복은 주소가 같았다.

NO.16

차에스더

유튜브: 샬롬SL TV

전 화: 010-3860-0605

이메일: goodcbm@hanmail.net

예은마음상담 치유연구원 소장

지저스 예술선교연구원 학장/교수

전인치유상담 연구원 학장/교수

상담심리치료학회 이사 [대신대학대학원목회,신학명예박사]

온누리칭찬학교 학장/교수

칭찬신문 기자, GOODTV 선교기자

한국열린사이버대학 사회복지학과 특임교수

CTS 시니어모델 / 주님의교회 담임목사 (백석)

저서:『내 삶의 좌우명『절망에서 부르심으로]

　　　『내 삶의 버킷리스트』,『예수님의 제자를 세우는 길 위에서』

　　　『내 삶의 건강 비결』,『우리 엄마는』,『우리 아빠는』

　　　『우리 가족은』

어린 시절의 기쁨을 회복해 주신 하나님

경남 합천군의 작은 산골 마을, 논과 밭이 어우러진 곳에서 나는 1남 5녀 중 장녀로 태어났다.

가난하지만 따뜻한 정이 오가던 시골 마을이었으나, 우리 가정에는 복음이 없었다. 부모님은 우상을 섬기며 늘 다툼이 끊이지 않았다. 어린 마음에 나는 늘 불안했다.

소리 높여 싸우는 소리가 들리면, 방구석에 숨어 귀를 막았다. 어린 시절의 기억은 언제나 외로움과 두려움으로 채워져 있었다. 그런 환경 속에서 나는 점점 웃음을 잃어갔다.

가족 안에서조차 마음 붙일 곳이 없었다. 밖에서는 밝게 웃었지만, 마음속에는 늘 공허함이 자리했다. 의지할 대상이 없었다.

그렇게 메마른 청소년기를 지나며, 나는 기쁨이 무엇인지조차 모른 채 세월을 견뎠다.

그러나 하나님께서는 그 어둠의 시간을 그냥 지나치지 않으셨다. 보이지 않는 손길로 나를 부르셨고, 나의 인생을 새 방향으로 이끄셨다.

"수고하고 무거운 짐 진 자들아, 다 내게로 오라 내가 너희를 쉬게 하리라." (마태복음 11장 28절) 그 말씀은 내 인생의 전환점이 되었다. 나는 그날 처음으로 울었다. 억눌려 있던 감정, 외로움, 상처, 분노가 눈물로 쏟아졌다.

그 눈물 속에서 나는 주님을 만났다. 예수님은 나의 상처를 어루만져 주셨다. "괜찮다, 이제는 내가 너의 아버지다." 하시는 사랑의 음성으로 내 마음을 감싸 주셨다. 그 이후 내 삶에는 놀라운 변화가 일어났다.

마음속 깊은 곳에서부터 기쁨이 솟기 시작했다. 상황이 변한 것은 아니었다. 여전히 삶은 쉽지 않았지만, 예수님이 내 안에 계시기에 평안했다. 나는 매일 말씀을 붙잡고 기도하며, 어린 시절 잃어버린 기쁨을 회복해 갔다.

그때 깨달았다. 진정한 회복은 환경의 변화가 아니라, 십자가 복음 안에서 일어나는 마음의 변화라는 것을. 시간이 흘러 하나님께서는 나를 목회자의 길로 부르셨다.

상처가 많았던 나를 통해 상처받은 이들을 위로하시려는 하나님의 계획이었다. 나는 그 부르심 앞에 순종하며 주님의 교회 담임목사로서 "예는 마음 치유 상담연구원"을 통하여 나와 같이 기쁨 부족으로 살아가는 사람들을 섬기고 있다. 그들의 눈물 속에서 하나님은 과거의 나를 보게 하셨다.

그러나 십자가 복음 안에서 하나님은 눈물이 소망으로, 상처가 은혜로 바뀌는 놀라운 회복의 은혜를 허락하셨다.

"그가 찔림은 우리의 허물을 인함이요, 그가 상함은 우리의 죄악을 인함이라."(이사야 53장 5절)

지금은 주님의 교회 담임목사로서, 가정 회복과 청소년 상담 사역을 함께 이어가고 있다. 깨어진 가정이 복음으로 회복되는 것을 볼 때마다, 어린 시절의 상처가 헛되지 않았음을 느낀다.

또한 한국 열린사이버대학교 사회복지학 특임교수로 섬기며, 신앙과 전문성이 통합된 교육을 통해 다음 세대를 세워가고 있다.

"사회복지는 사랑의 실천이며, 사랑의 근원은 하나님이다. 진정한 회복은 예수 그리스도의 십자가에서 시작된다."

돌아보면, 어린 시절의 눈물은 나를 절망으로 이끈 것이 아니었다. 요셉처럼 오히려 하나님께 나아가게 한 은혜의 길이었다.

복음 없는 가정에서 자라며 느꼈던 외로움과 불안은, 오늘날 복음으로 가정을 세우는 사역자로 쓰임 받게 하셨다. 하나님은 내 상처를 치유하실 뿐 아니라, 그 상처를 통해 다른 이들을 치유하고 계신다.

지금도 합천의 푸른 하늘을 떠올리면, 그곳에서 울던 어린 소녀의 모습이 스쳐 간다. 그러나 이제 그 소녀는 울지 않는다. 그녀의 눈에는 십자가의 기쁨과 소망의 빛이 가득하다.

그리고 그 빛을 세상에 전하며 오늘도 이렇게 고백한다.

"내가 약할 그때에 오히려 강함이라."(고린도후서 12장 10절)

기쁨은 세상이 주는 감정이 아니라, 예수님 안에서 회복되는 은혜의 선물이었다.

하나님 은혜가 오늘도 나와, 내 곁의 상처 입은 영혼들을 새롭게 하고 있다.

요한복음 3:16, "하나님이 세상을 이처럼 사랑하사 독생자를 주셨으니, 이는 그를 믿는 자마다 멸망하지 않고 영생을 얻게 하려 하심이라."

NO.17

김 주 연

유튜브 검색: 미소천사김주연

네이버 검색: 미소천사김주연

작가, 가수 김주연

김주연 가수

주아랑문화예술단 단장

한국힐링교육센터 익산본부장

노래강사, 웃음강사

울음반년웃음반년 전자책, 치매예방길라잡이 공동저서.

현대시문학 삼행시 종이책 전자책 삼행시협회 공동자서전

출판

SBS 별*그대 출연 익산명물1호 호호아줌마

닉네임: 미소천사

방학이 싫었던 아이

어린 시절의 추억이라. 골똘히 한참 생각에 잠겨본다.

사뭇 어린 시절의 추억이란 분명 흘러내리는 코를 소매 끝으로 훔쳐 가며 남자와 여자아이들이 패를 갈라 삼삼오오 모여 딱지치기나 구슬치기, 고무줄놀이, 숨바꼭질을 하며 해 질 녘까지 놀기 바쁜 나이가 아니던가!

하지만 나는 그러하지 못했다. 부모님이 동네일과 농사일로 바쁘게 사셨기 때문이다. 어두컴컴해질 때까지 일하다 들어오시는 엄마는 동생이 놀고 있으면 고된 일의 화풀이라도 하듯 가시내들이 해가 지는지도 모르고 놀고 있다고 꾸지람 아니 욕을 한다. 다행히 나는 욕 들어 먹는 걸 아주 싫어하는 너무도 일찍 철이 들어버린 착한 콤플렉스 걸린 콩쥐 같은 아이여서 밖에서 아이들과 노는 걸 포기하고 엄마 대신 집안일을 하는 수줍음 많은 아이였다.

일 나가시기 전 학교 끝나고 오면 고추밭에 물 길어다 물 줘라, 빨래해 놔라, 밥해 놔라 요구사항이 많았다.

그때는 사실 물을 동네 우물에서 길어다 먹을 때였다. 너무 가난한 집이 아니었는데 왜 우물이 하나밖에 없었는지 알 수가 없다. 물론 얼마 후에 작두도 놓고 수도도 놓긴 했지만, 8살의 나는 동네 우물에서 김치를 꺼내 먹은 걸로 기억된다.

그때부터일까 방학만 하면 줄곧 이모들 집으로 불려 가야만 했다. "너는 엄마를 잘 도와주는 착한 딸이네."라며 은근 오기를 바랐다. 첫 번째는 외할머니 댁이다. 할머니는 혼자 계셔서 줄곧 나를 오라고 했다. 그리고 서울에 사는 큰이모 집이다. 큰이모는 새벽시장에서 건어물 도매업을 하시기에 방학 때만 되면 사촌 동생들을 맡길 곳이 마땅치 않았던 모양이다. 어리디어린 나를 불러 그 이종사촌 동생에게 밥을 해 주고 놀아주라고 했으니 말이다. 나도 어린데 친구들과 함께 어울려 놀고 싶은 나이인데 왜 자꾸 나만 데려가는지 모르겠다고 심술을 부리기도 했다. 워낙 내성적이고 애기 때부터 형제들에게 못난이라고 놀림받고 기죽어 할 말을 못 하는 건 사실이었다.

　그것이 전부가 아니다. 정읍 감곡에 사시는 둘째 이모도 워낙 밭 농사가 많고 형제가 많은 집으로 시집을 가 날마다 밭일에만 매달려 살다시피 했다. 어린 내가 봐도 안쓰러울 정도였으니 말이다. 그 집에서는 갓난아이 남매를 업어 주고 놀아 주고 밭으로 아이들 젖 먹이러 먼 길을 걸어가야 했다. 아니 세상에나 초등학교 4학년밖에 되지 않은 내가 한꺼번에 두 아이를 업고 먼 길을 가야만 했으니 이 얼마나 딱한 일인가? 지금 생각하니 아찔하다. 그래서 허리가 더 아팠는지도 모르겠다. 방학이 거의 끝나갈 무렵이면 내가 사는 집으로 데려다주신다. 어린 나이에 어리광도 부릴 수도 없었던 터라 그때부터 감정이 메말라져 갔을까? 엄마한테 말한다. "엄마 나 허리 아파." 그럼 엄마는 "니가 허리가 어디 있어? 아이들이 허리가 왜 아파?"라고 말씀하셨다.

나는 정말 많이 아픈데 왜 몰라줄까 많이 서운했었다. 나는 방학이 정말 싫었다. 여름방학이 시작되면 이모 집에 가지 않으면 집에서 일을 했다. 언니나 동생처럼 꾀도 없다. 언니와 동생은 일 시키면 4H 한다고 동네에 가서 허술도 하고 동네 언니 오빠들과 어울려 놀다가 밤늦게 돌아오기 일쑤이니 당연히 집에 있는 내가 일터에서 돌아오기 전 빨래하고 밥을 짓고 마당까지 깨끗하게 치워 놓아야 했다. 그래야 엄마가 기뻐했으니까. 일만 하는 엄마 아빠가 내 눈에는 너무도 안쓰럽고 불쌍해 보였다. 그래서 더 밖에 나가 놀지 않고 부모님을 도와드렸는지도 모른다.

또 겨울방학이 시작되면 부모님은 가마니를 짜셨다. 그럼 가마니의 양쪽을 잇는 갓을 해야 했다. 겨울이면 볏짚을 만지기에 손이 거칠어지고 트기 일쑤다. 그때 엄마가 일을 하실 때 카세트테이프를 틀어 놓고 하루 종일 노래를 들으셨기에 내가 지금까지 옛날 트로트를 많이 알고 있다. 그래서 고맙다. 그다음에 하는 일은 동생들 그림 숙제해 주는 일이다. 창의성은 없으나 모방성은 뛰어나 달력을 보고 그림 숙제를 내면 상을 받곤 했다.

한편으론 어린 내가 이모 집을 전전하고 집안일을 돕고 하니 "주워 왔느냐?"고 묻곤 했다. 내 나이에 할 수 없는 일들을 해 왔기에 말이다. 지금 와서 내 또래 친구들한테 어릴 때 추억 얘기를 하면 "무슨 허무맹랑한 소리냐?"고 핀잔을 듣곤 한다. 글쎄 내가 생각해도 대견하고 대단한 일이라고 생각된다. 지금이니까 웃으며 할 수 있는 얘기들이지만 그때 왜소하고 수줍음 많은 나로서는 어린 시절 일찍이 인내심을 키워온 추억만이 간직되었다.

NO.18

송혜선

인스타그램: suny513

메일: suny513@nate.com

상담심리학, 사회복지, 대학원에서 다문화교육 전공

㈜마음을 그리다 아동 청소년 상담캠프

(사)한국기질 상담협회 청소년상담 및 캠프진행

사랑뜰 가족연구소에서 아동.청소년 심리상담

지역아동센터 '어울림'에서 아동.청소년 집단프로그램진행

부산 생명의전화 '생명존중강사'로 활동중

선물이 된 나의 어린 시절

어린 시절을 떠올리면서 내가 기억하는 최초의 기억은 3살 무렵 부모님이 부산 대연동에서 국수 공장을 하시던 때였다.

70년대 중반 대형 제면 업체들이 등장하기 전 소규모 제면소들이 동네 곳곳에 있었다고 했다. 난 골목에서 앞집 남자아이와 새우깡 봉지를 나눠 먹으며 바쁜 부모님을 대신해 그 친구와 골목을 뛰어다니며 놀았다.

국수 배달을 다녀오시던 엄마가 환히 웃으시며 나를 안고 집으로 들어가는데 집이 국수 공장 안에 딸린 방이었다. 공장 안에는 국수를 기계에서 뽑아 바람에 말리던 국수 줄기가 건조대에 주욱 걸린 모습이 눈앞에 아른거린다. 아마도 국수를 몰래 뜯어 먹기도 했던 것 같다. 창밖을 내려다보면 앞집 남자아이가 마당에서 우리 집을 쳐다보며 내 이름을 부르곤 했다.

그러면 내가 새우깡 한 봉지를 창밖으로 던져 마당 안에 골인, 그 친구는 함박웃음을 지으며 좋아했던 풍경이 떠오른다. 가끔 국수 공장 일을 쉬는 날엔 아버지와 광안리 바닷가에 놀러 나가서 목마도 태워 주시고 넓은 바다를 뛰어다니게 해 주셨다. 그때마다 아버지는 *"아빠 술 한 병 사 줘~"*라고 하셨고 내게는 환타를 사 주면서 *"자 너도 한잔해"*라고 했던 기억이 난다. 그때부터 우리 집에 술은 내 담당이었는지 술은 나 혼자만 마신다.

엄만 그때도 공장 입구에 상자 몇 개를 내놓고 과일을 파셔서 쉬는 날도 없이 일하셨던 것 같다. 그렇게 국수 공장을 열심히 하시다 할머니의 부름으로 경남 밀양군 삼랑진으로 내려가 농사일과 장사일을 함께 도우시면서 나에게도 시골에서의 생활이 시작되었다. 할머니 댁에서 함께 생활했는데 증조할머니, 삼촌도 계셨고 둘째 동생도 태어나면서 대가족이 되었다.

낮이면 동네 친구들과 집 뒷산에 올라가 소나무 잎을 모아오기도 하고 작은 나뭇가지를 주워 와서 방에 불 때는 나무로 쓰기도 했다. 불 때는 것이 재밌어 보여서 가지고 놀다가 불이 붙어 주방 쪽 천장을 태워 먹기도 했다. 아직도 동네 사람들이 물을 한 동이씩 머리에 이고 집으로 들어오시면서 "불이야~"라고 하던 생각이 난다. 생각하면 큰불이 아니었던 게 다행이었다.

초등학교 들어갈 때쯤 아버지의 농사 스케일이 커지시면서 우린 낙동강 다리를 건너 김해 생림면으로 이사를 갔다. 동생들이 줄줄이 태어나 4명이 되었고 과일 농사와 채소 농사로 새벽부터 해질 때까지 농사일하시는 부모님을 도와 난 동생들의 큰언니, 부모님의 살림 밑천이 되었다.

학교 갔다 오면 밭에서 일하시는 부모님 심부름으로 국화빵을 사서 밥통에 담아 중참(점심 이후 간식)으로 가져다드리고 동생들과 담벼락에 앉아 소꿉놀이도 했다. 병뚜껑으로 밥그릇을 하고, 나무막대로 젓가락을 만들어 모래로 밥을 짓고 호박꽃, 잎사귀들을 잘게 썰어 반찬을 했다. 플라스틱으로 만든 소꿉놀이 세트가 나와 우리의 놀이가 업그레이드되어 한 상 가득히 그럴듯한 밥상을 차려 놓고 엄마, 아빠 놀이도 했었다.

　2살 된 막냇동생을 업고 소꿉놀이를 하다 발바닥에 흙을 묻히기도 했었다. "*술래잡기, 고무줄놀이, 말뚝 박기, 망까기, 말타기 놀다 보면 하루는 너무나 짧아~~.*" 자전거 탄 풍경의 '보물'이라는 노래의 가사처럼 우리의 어린 시절은 다양한 놀이가 많았다.

　마당에 그림을 그리고 숫자를 쓰고 돌을 튕겨서 영역을 확보하는 '땅따먹기', 나무를 깎아 양 끝을 뾰족하게 만들어 새끼자를 만들고 어미자를 이용해 '자치기'도 하고, 딱지치기, 인형 놀이, 구슬치기 등 지금도 생각하니 그때 '참 잘 놀았구나' 싶다.

　농사지으며 나온 '비료 포대'로 엿을 바꿔 먹기도 했고, 눈 오던 겨울이면 둑으로 올라가 미끄럼도 타고, 함께 쑥 캐고 도랑에서 물놀이하던 개구쟁이여서 항상 말썽을 부리던 둘째, 너무 순하고 예뻐 엿장수가 데려가려던 셋째, 내가 업어 키웠던 씩씩한 막내와 함께 놀던 넓은 마당, 이젠 추억에서나 존재하는 이야기가 돼 버렸다.

　얼마 전 엄마가 호스피스 병동에서 마지막을 보내던 그날, 우리 네 자매는 엄마 옆에서 유난히도 어린 시절 추억에 대한 이야기들을 많이 나누었다. 즐거웠고 재미있었고 행복했던 시간들을, 그래서일까 엄만 그날 원도 한도 없다는 듯 안심하시면서 편안한 표정으로 하늘나라로 떠나셨다. 어린 시절 심심하지 않게 딸을 많이 낳아 주셔서 얼마나 좋았는지 얼마나 감사한지... 이 말을 지금이라도 더 해 드리고 싶다.

　"추억을 한 보따리 선물로 준 나의 고향 나의 동생들 고맙고 사랑한다."

NO.19

류 정 희

블로그:

https://blog.naver.com/tladjr

(행복부자예스)

인스타: @happyrich_jh

Yes!진로코칭상담소

생명존중강사

디베이트강사

KPC코치

초감성시인

작가

햇살 아래 자란 우리들의 작은 우주

추억의 어린 시절 기억들아
억수로 반갑다
의미 있게 살아낸 삶과
어린 시절 속 조각조각들이
시절 인연으로 만난 모든 사람에게
절대적으로 감사를 표현한다
내 삶의 바탕이었음으로

아빠의 군대 전역 후 우리 가족은 낯선 시골 생활도 모자라 산을 개간하고 외딴집에서 자급자족하며 살았다. 천지 분간 못 하는 어린 우리는 그 시절이 낭만이었지만, 이미 도시 생활을 경험하신 부모님의 결단은 다 큰 어른이 되어도 상상이 되지 않는다. 온 산천이 다 놀이터였던 우리에게 부모님과 함께했던 시간과 공간은 천국이었다.

전기가 들어오지 않았기에 집에 있는 TV는 무용지물이었지만, TV를 배경 삼아 동생들과 함께했던 연기는 우리 가족에게 재미있는 시간이었으리라. 방의 반을 가득 채운 고구마는 겨우내 우리들의 간식이 되었고, 아궁이 앞에서 아빠와 구구단을 외우고 맞춰보는 시간은 공부가 아닌 재미있는 놀이 시간이었다. 새벽 6시면 울리던 라디오 속 아침 체조는 춥거나 덥거나 비가 오거나 바람이 불거나 한결같이 우리를 깨우고 움직이게 했다. 칠흑같이 어두워진 밤하늘을 수

놓는 별들의 향연은 우리들의 마음을 키우고 꿈을 키워 주었다. 덜그럭덜그럭 재래식 화장실도 하나도 무섭지 않았다. 이때부터였을까? 나의 담력은 또래 친구들보다 몇 배는 더 크게 자라고 있었다.

외딴집에서 살다 보니 연년생인 동생들과는 친구였고 경쟁의 대상이었다. 온 산천의 자연은 놀이 대상이 되었다. 그러다 집 안에 있을 때면 이불과 베개가 우리의 배가 되고 자가용이 되어 전 세계를 누비고 다녔다. 동생들과 시간 가는 줄 모르고 장기를 두면서 놀다 보면 하루해가 금방 가기도 했다. 까불이 대장 남동생은 우리 자매들의 만만한 대상이 되기도 했지만, 우리는 동생의 완벽한 보호자가 되어 주기도 했다.

학교 가는 길도 다 놀이터였다. 가다가 쉬다가 놀다가, 먼 등굣길이었지만 동생들과 함께 가는 시간은 즐겁고 행복했다. 아침 이슬 맺힌 논두렁길에 물이 뚝뚝 떨어지는 벼를 손으로 훑으며 등교했던 촉촉한 느낌이 아직도 생생하다. 나란히 나란히 동생들과 걸어갔던 그 길이 참 그립다. 싸우기도 많이 했던 그 동생들이 이제 다 커서 가정을 일구고 살아가는 모습은 흐뭇하고 감사하다.

자급자족할 수밖에 없었던 가족들은 각자가 최고의 일꾼이었다. 복숭아, 사과, 감, 밤 등 재배하지 않는 것이 없었던 우리 집은 일을 잘 부리시는 엄마의 작전 하에 등교 전에는 밤을 한 포대씩 줍고 학교에 가기도 하고, 하교 후에는 그 계절에 맞는 과일이나 농작물을 추수하는 일을 거들어야만 했다. 엄마는 작게라도 꼭 보상을 해 주셨고, 늘 우리 집의 비전을 이야기하시며 어린 우리에게 가족 공동체에 대한 인식을 심어 주셨다. 아무리 일이 힘들고 하기 싫어도 일을 하게끔 만드셨던 엄마, 엄마는 우리에게 훌륭한 동기 부여자셨다.

영원히 우리와 함께할 것 같았던 부모님은 몇 해 전 다 하늘 천국으로 이민을 가셨다. 부모님이 일구어 놓으신 외딴집은 한재평양농장이라는 타이틀을 달고 50년이 넘는 시간을 보내고 있다. 비록 부모님은 돌아가셨지만, 동생들이 그곳을 지키고 있어 너무 든든하다. 언제라도 달려갈 수 있고 추억이 있는 내 친정집은 늘 나의 안식처이다. 어린 시절 함께 했던 시간들의 추억 여행은 파도 파도 끝이 없다. 겁도 없이 늦은 밤에 집에 오는 나를 한없이 걱정했던 엄마, 어느 날 아빠의 등에 업혀 자칫하면 산에 파 놓은 구덩이에 묻힐 뻔했던 이야기는 두고두고 회자되며 놀림을 받았다.

내 어린 시절의 모든 사람, 시간, 공간은 내 꿈의 재료가 되었고 내 성장의 버팀목이 되어 주었다. 가족과 함께한 시간, 부모님이 주신 차고 넘쳤던 사랑에 감사하고, 동생들과 함께한 시간은 그 무엇과도 바꿀 수 없는 소중한 나의 기억들이다. 각자의 가정을 꾸리며 건실하게 살아가는 그 동생들이 고맙고 자랑스럽다. 내 추억의 어린 시절은 작은 우주에서 큰 우주로 커가는 귀한 밑거름이 되었고, 지금도 진행 중이다. 모든 것에 감사할 따름이다.

NO.20
강정석

네이버: 강정석
유튜브: 강정석TV
전　화: 010-4650-4549
이메일: fmkang2000@hanmail.net
블로그:
https://blog.naver.com/fmkang119

"언제나 웃음으로
세상을 비추는 사람이
되고 싶습니다."

1. 산업현장 전문가
　　에너지기능장 / 배관기능장 / 2급 정교사 자격
　　39년 산업체 경력 보유(산업설비)
　　대한민국산업현장교수 / 능력개발 전문가
　　(사)에너지기술인협회 전북지부장
2. 행동하는 안전전문가
　　전주덕진의용소방대연합회장 / CPR 전문대장
　　행정안전부 생활안전강사
　　ESG 경영 및 안전 전문강사
3. 멘토 (Mentor)-지식 나눔 실천가
　　배움과나눔 연구소 대표
　　시니어 리부트플래너 / 경력개발 전문가
　　한국장학재단 멘토 및 특성화고 멘토링 특강
　　코리안투데이 전북지부장 / 칼럼리스트

완산동 산기슭의 "해보"

1. 투구봉 아래, 웃음이 피어난 산동네

내가 자란 곳은 전주 완산동 투구봉의 산기슭이었다. 완산칠봉과 팔각정이 병풍처럼 마을을 감싸고, 그 아래에는 초가집과 슬레이트 지붕의 집들이 비탈진 곳에 다닥다닥 붙어 있었다. 골목마다 장작 타는 냄새, 된장 끓이는 냄새가 섞여 '사람 냄새'가 나던 그 시절. 아이들은 아침부터 저녁까지 뛰놀았고, 어른들은 마당에 걸터앉아 담소를 나누었다. 그 속에서 나는 유난히 밝게 웃는다고 해서 동네 사람들에게 '해보'라는 별명을 얻었다.

"해보 왔냐?" 하고 부르던 어른들의 정겨운 목소리, 그 따뜻한 호명은 지금도 내 인생의 첫 번째 음악처럼 마음에 남아 있다.

2. 정수장 언덕의 승부사

돌아보면 나는 그때 이미 '승부사'였다. 해 저무는 줄 모르고 골목 바닥에 코를 박고 구슬치기를 할 때도, 온 힘을 실어 딱지를 내리칠 때도, 나는 어떤 놀이에서도 지는 걸 싫어했다. 축구, 농구, 오징어 게임 할 것 없이, "해보 편이면 이긴다"는 말이 돌 정도였다. 최고의 전쟁터는 동네 바로 앞 정수장이었다. 그 위로 펼쳐진 잔디 언덕엔 서너 개의 묘지도 있었다. 방학이면 그곳은 우리들의 세상이었다.

"오늘은 고구려가 이긴다!"

"아냐, 신라가 최고야!"

나무 막대기를 칼 삼아 고구려·백제·신라로 나뉘어 끝없는 전투를 벌였다. 우리의 웃음소리는 정수장 담벼락을 넘어 산 아래까지 울려 퍼졌다. 하지만 철없는 장난은 어느 날 사고로 이어졌다. 묘지 옆에서 붙인 불이 바람을 타고 번져 산불이 난 것이다. 지금 '안전 전문가'이자 '의용소방대원'으로 돌이켜보면 아찔한 순간이다.

하지만 그때는 친구 다섯이 온몸으로 뒹굴며 불길을 껐고, 산불이 진화되고 정수장 관리원이 달려와 사무실에서 혼이 나면서도... 겁에 질려 눈물 흘리던 서로를 보며 그만 웃음이 터져 나왔다. 그날의 흙냄새와 땀, 그 철없는 용기는 지금의 나를 만든 첫 불씨였는지도 모른다.

3. 사계절의 놀이터와 '생콩 물렁콩'

여름 오후, 멀리서 '뿌우웅~' 하는 소리가 들리면 아이들은 약속이나 한 듯 골목으로 뛰어나갔다. 하얀 연기를 뿜던 소독차는 마법 같은 존재였다. 그 연기 속을 달리다 어느새 땀범벅이 되기도 했다.

가을이면 투구봉 산자락은 꿀밤을 줍는 보물창고가 되었고, 방학 때면 친구들과 오징어놀이, 구슬치기, 딱지치기를 하며 시간을 보냈다. 대보름날 해 질 녘, 빈 깡통에 불을 담아 돌리던 쥐불놀이의 붉은 궤적은 가난했지만, 찬란했던 그 시절의 풍경화로 남아 있다.

그 시절의 놀이 중 '생콩 물렁콩'도 잊을 수 없다. 수비는 주어진 선 안을 지키고 공격수는 그 선을 넘기 위해 몸을 날렸다. 손짓, 발짓, 몸싸움이 이어지고 마지막 한 명의 승자를 남기는 순간까지 모두가 가쁜 숨을 내쉬며 즐겼던 놀이였다. 이것은 단순한 경쟁이 아니었다. 서로를 이해하고 협력하며 한계를 시험하는 공동체 수업이었다.

4. 팔각정의 배움, 해보의 미소

유년기를 지나 초등학교 시절로 성장하며 완산칠봉과 팔각정은 나에게 새로운 학교가 되었다. 눈이 내리면 팔각정과 완산칠봉의 굽이치는 내리막길은 우리들의 천연 스키장이 되었다. 비료 포대 눈썰매와 대나무 스키를 타고 차가운 바람을 가르며 내려오던 그 짜릿함은 잊을 수 없는 추억이다.

또한 완산칠봉에서 배드민턴을 치며 놀던 기억과 팔각정 아래 운동기구에서 어르신들과 함께 구슬땀을 흘리고, 완산초등학교 운동장에서 해가 지는 줄도 모르고 하루 종일 동네 형들과 축구·농구를 하며 보냈던 기억이 새롭다.

지금 나는 산업현장 교수로, 안전과 배움을 전하는 일을 하고 있다. 하지만 내 안의 '해보'는 여전히 웃고 있다. 넘어져도 다시 일어나고, 불길 속에서도 웃음을 잃지 않던 그 아이. 그때의 해보가 있었기에 지금의 내가 있다.

'해보'는 단순한 별명이 아니었다. 그것은 세상을 따뜻하게 비추는 나의 또 다른 이름이자, 삶을 지탱해준 버팀목이었다. 어린 시절 웃음으로 마을을 밝히던 아이는 이제, 39년 현장의 지혜와 안전의 중요성을 나누며 더 많은 사람의 마음을 비추는 '빛'이 되어, 세상에 선한 온기를 나누려 한다.

3장.

그때그마음

NO.21

류미현

이메일:
waeasop@hanmail.net

경영학 박사

어린이집 원장

부모양육태도 부모교육 강사

영유아 발달 부모교육 강사

아동학대예방 부모교육 강사

부모마음챙김 강사

아동마음챙김 강사

사계절을 온몸으로 뛰어놀다

충주댐 아래 물속에 잠든 옛 고향을 떠올리면, 마음 어딘가에서 잔물결이 일렁이듯 번져온다. 지금은 물결 아래 잠들어 있지만, 그곳은 한때 나의 세상 전체였다. 동네를 중심으로 깊은 계곡이 흐르고, 그 앞으로는 넓은 강이 유유히 펼쳐진 이곳은 어린 시절 우리에게 자연이 마련해 준 '전용 놀이터'였다.

그 시절 나는 달력보다 자연의 변화를 먼저 느끼며 자랐다.

봄이 오면 우리는 진달래랑 개나리를 찾겠다며 산과 들을 누비며 뛰어다녔다. 손 가득 꺾어 온 꽃들은 집안 곳곳을 봄 향기로 가득 채웠다. 냉이, 쑥, 달래를 캐느라 손은 흙투성이가 되었지만, 따뜻한 햇볕 아래 그마저도 놀이였다. 앵두랑 살구를 따먹으며 친구들과 깔깔대던 그 시간은, 봄 자체를 우리가 통째로 삼켜버린 듯한 순간이었다.

여름이 되면 계곡은 갑자기 깊은 비밀을 품은 공간으로 변했다. 해가 정수리를 뜨겁게 누를 무렵이면 계곡의 깊은 웅덩이는 어느 유명한 수영장보다 더 멋진 천연 놀이터가 되었다.

우리는 돌 틈을 더듬어 다슬기를 잡았고, 잔잔한 물가에서는 작은 물고기 떼가 발끝을 간지럽히며 지나갔다. 어느 날 우리는 진짜 모험가가 된 것처럼 냄비, 성냥, 감자, 고추장, 쌀까지 엄마

몰래 가방에 꽁꽁 숨겨 계곡으로 떠났다. 계곡가에서 몰래 불을 지펴 펄펄 끓이는 '감자찌개 비슷한 무언가'에서는 모험의 냄새가 났다. 연기는 눈을 맵게 했지만 우리는 웃느라 더 눈물을 흘렸고, 냄비는 어김없이 새까맣게 타올랐다. 집에 가면 혼났지만, 그때 친구들과 한 숟가락씩 나눠 먹던 그 맛은 어떤 고급 음식보다 짜릿했다. 서투르고 엉망진창이었지만, 그날의 '비밀 레시피'만큼 신나는 음식은 아직도 세상에 없다.

저녁이 되면 동네 마당에 돗자리를 펼치고 이불을 가지고 와 누우면, 머리 위로 펼쳐지는 밤하늘은 정말 '폭발스럽다'는 표현이 어울릴 만큼 별빛으로 가득했다. 별들은 설탕 가루처럼 뿌려져 반짝였고, 은하수는 강물처럼 흐르며 천천히 우리 쪽으로 다가오는 듯했다. 손만 뻗으면 잡힐 것 같은 별들 사이에서 우리는 매일 밤 별똥별을 세며 즐거워했다.

밤의 놀이는 낮보다 훨씬 짜릿했다. '범인을 잡는다'며 뛰어다니던 술래잡기는 마치 영화 속 모험처럼 느껴졌고, 반딧불이를 잡아 작은 병에 넣어 등불처럼 흔들어 보고, 서로의 이마에 반딧불이 꼬리를 붙여주며 깔깔대던 그 장면은 아직도 선명하다. 여름밤은 우리에게 낮과 완전히 다른 또 하나의 세상을 보여주었고, 어린 시절의 가장 빛나는 기억으로 자리 잡았다.

가을이 오면 산과 들은 완전히 '먹거리 천국'으로 변해, 자두와 사과, 감, 밤이 여기저기서 손짓했다. 학교 가는 길의 땅콩밭도 그냥 지나칠 수 없었고, 흙만 툭 털어 바로 먹는 그 고소함은 가을이 준 특별 보너스였다. 진짜 하이라이트는 밤이었다.

새벽마다 '툭! 툭!' 떨어지는 소리에 누구보다 먼저 놀라 뛰쳐나가 앞산으로 달려갔다. 밤송이를 발로 '꾹' 눌러 벌리고 윤이 반짝이는 밤을 꺼낼 때면, 보물찾기도 이런 보물찾기가 없었다. 집에 돌아오면 엄마가 밤을 쪄주셨고, 뜨끈한 밤을 손에 쥐고 학교로 가는 길은 매일 열리는 작은 축제 같았다.

겨울이면 계곡은 가장 먼저 변신했다. 물이 꽁꽁 얼면 계곡은 순식간에 아이들의 전용 썰매장이 되었다. 비료 포대, 플라스틱 슬리퍼, 나무판 등 뭐든 잡기만 하면 썰매가 되었고, 우리는 해가 질 때까지 내려가고 또 내려갔다. 바람이 귀를 스칠 때의 싸한 느낌, 넘어져 바지가 젖는 것도 신경 쓰지 않고 웃던 순간들이 지금도 눈앞에 펼쳐진다.

그리고 지금 떠올리면 기발하기 그지없는 놀이 하나. 우리는 산속에서 작은 나무를 베어 '본부'라는 이름의 작은 오두막을 만들었다. 나뭇가지를 엮고 비닐을 둘러 벽을 만들고, 이불을 바닥에 깔아 비바람을 막았다. 그 안에서 인형 놀이도 하고 소꿉놀이도 하며, 세상 누구도 모르는 비밀스러운 공간을 가졌다. 어린 우리에게 '본부'는 작은 성이자 가장 든든한 아지트였다.

그곳에서 보낸 사계절의 기억들은 여전히 살아 있어, 이렇게 글을 쓰는 지금도 미소를 띠게 하고 가슴을 뛰게 한다. 자연이 아이들에게 건네주는 자유와 모험, 감각과 리듬을 떠올리면 지금의 삶도 조금은 더 부드러워진다.

NO.22

이 선 자

이메일:
g ksekdls7852@naver.com
유튜브: 한줄의체온

전) 오케이세븐 쇼핑몰운영
현) 뉴스킨사업을 진행하고 있음
현) 장애인자립생활센터 모임 자문위원

어린 시절이 남긴 발자국

어린 시절을 떠올리면, 작지만 선명한 순간들이 지금의 나를 만들었다는 걸 느낀다. 선거에 도전하던 용기, 무대에서 떨리던 숨결, 누군가를 돕고 싶어 했던 마음까지 모두. 그때는 몰랐지만, 그 작은 선택들이 나를 한 걸음씩 앞으로 이끌었다.

어른이 된 지금, 나는 그 시절의 나에게 고마움을 보낸다. 흔들리면서도 포기하지 않았던 마음이 오늘의 나를 세웠기 때문이다. 어린 시절은 지나간 기억이 아니라, 여전히 나를 밝히는 한 줄기 빛이다.

어울림과 도전 사이에서 자란 마음

다시 천천히 떠올려보면, 어느 날 문득 초등학교 시절이 마음 한쪽에서 불쑥 올라왔다.

그 시절은 누구나 그렇듯 세상이 궁금하고, 모든 것이 새롭게 느껴지던 때였다.

처음에는 친구들과 어울리는 게 쉽지 않아 교실 한편에서 조용히 지내던 시간이 더 많았다. 그런데 신기하게도, 시간이 조금 흐르자 자연스럽게 웃고 떠드는 무리에 스며들었고, 어느새 누구보다도 잘 어울리며 지내고 있었다.

동아리 시간이 되면 늘 들뜨곤 했다. 여러 인기 있는 동아리가 있었지만 정작 내가 가고 싶었던 곳은 이미 자리가 다 차 있었다. 그래서 고민 끝에 그다지 자신 없던 연극 동아리에 발을 들였다. 무대라는 공간은 생각보다 훨씬 낯설고 어려움도 많았지만, 나름 최선을 다해 연습했고 조금씩 무대의 분위기를 배워갔다.

돌이켜보면 서툴렀지만, 그 모든 순간이 지금의 나를 만든 소중한 경험이었다.

중학교 첫 도전, 방송부에서 배운 마음

중학교에 올라가면서 또 한 번 새로운 생활이 시작되었다.

공부에 집중하려고 마음을 먹었지만, 역시 쉽지는 않았다. 그러던 중 게시판에 붙은 방송부 모집 안내가 눈에 띄었고, 호기심에 지원하게 되었다.

방송부에 들어가고 처음 맡은 일은 아침 방송 대본 작성이었다.

'학생들이 잘 들을 만한 내용이 뭘까?' 고민이 많았지만, 한 선배가 "어렵게 쓰지 말고 친구에게 말하듯 편하게 하면 돼"라고 조언해 주었다. 그 한마디 덕분에 긴장이 풀리고, 자신감도 생겼다.

그렇게 2년 동안 꾸준히 활동하던 어느 날, 방송부 선생님께서 "방송부장 한번 해보지 않을래?"라고 제안하셨다.

생각지 못한 말에 놀라기도 했지만, 책임감을 느끼며 기꺼이 그 역할을 맡았다.

돌이켜보면, 방송부에서의 시간은 내가 용기를 내고 성장해 가는 소중한 과정이었다.

남겨진 흔적들

어린 시절의 기억은 먼지 쌓인 상자처럼, 시간이 지나도 은은한 향을 품고 있다. 그 속에는 작은 웃음과 서툰 도전, 그리고 세상을 처음 배우던 눈빛이 남아 있다.

아무것도 모르던 그때의 나는 매 순간이 새롭고, 모든 일이 조금씩 두근거렸다. 돌아보면 그 시절의 한 조각 한 조각이 지금의 나를 조용히 이끌고 있었다. 사라진 줄 알았던 순간들이 사실은 가장 깊은 곳에서 나를 움직여온 셈이다. 이 글은 그 오래된 기억의 문을 조심스럽게 열어, 나를 만든 흔적들을 다시 바라보려는 시도다.

NO.23

정 세 현

이메일:

latte-co@naver.com

아름다운 세상 만들어 가는 사람

모래밭 도화지 나뭇가지 연필

여느 시골, 특별할 것 없는 어린 시절이다. 깊은 산속, 강가, 바닷가에서 어린 시절을 보낸 이라면 누구든 금세 떠오르는 그런, 다 같은 비슷한 시절을 보내지 않았나 싶다. 바닷가에 살며 어린 시절을 보내 바다와 관련된 추억이 많다.

엄마 뱃속에서 태어나 6~7살까지는 왜 기억나지 않는 걸까. 막내로 태어나 엄마의 바쁜 일상으로 위로 언니 둘이서 업고 다니고 이모가 많이 업어 키웠다고 전해 들었다. 논에 일하다 어린 나를 논 가에 앉혀 놓았는데 어느 날 한 번은 아래로 떨어져 있었다 하고, 여름날 바닷가에서 해수욕하며 물가에 앉혀 놓으니 얕은 물에 허우적거리는 모습으로 발견되었다고도 한다.

내 기억 속의 어린 시절 놀이로는 오징어게임에 나왔던 것처럼 초등학교를 다니며 친구들과 어울렸던 공기놀이, 고무줄놀이, 비석치기, 피구 게임들. 오가는 길의 작고 동그란 돌을 주워 공기놀이를 하고, 엄마가 옷에 넣으려 시장에서 사다 둔 검정 고무줄로 고무줄놀이를 하고, 땅바닥에 게임을 할 칸을 그려 놓고 비석치기를 하고, 배구공으로 사람을 맞혀 맞은 사람을 아웃시키는 피구 게임은 소소한 일상의 재미였었다.

봄이면 산속에 진달래꽃 꺾어 향기를 맡고 화사한 꽃다발이 되고, 여름이면 바닷가에서 수영하고, 가을이면 산에 나뭇잎과 낙엽이 놀잇감이 되고, 겨울이면 추수하고 난 후의 논밭이 얼어붙으면 썰매를 끌고 타며 그렇게 보냈었다.

스케치북이나 학년이 끝난 후 교과서로 딱지를 접어 노는 딱지치기, 개구리 접어 잡아먹기, 구슬놀이. 여러 가지 유리 빛깔의 구슬로 하는 구슬을 홀에 넣는 구슬놀이는 심심한 일상을 달래주던 놀이였다. 학교에서 친구들과 함께 가던 소풍은 재미있었다. 염포 몽돌 자갈밭, 예당 해수욕장, 사격장, 우마장. 도보로 가 몇 시간 손수건 놀이와 도시락을 먹고 도보로 다시 돌아오는 소풍은 단조롭지만, 친구들과 전교생과 함께하니 또 다른 재미로 기억에 남는다. 봄이나 가을에 하던 운동회는 온 동네잔치로 온 식구들이 함께했던 기억이 생생하다. 할머니, 어머니 한복 입고 운동회 오던 시절이었다. 만국기를 걸고 부채춤, 차전놀이, 줄다리기까지 온 동네가 어울려 같이 하던 운동회였다. 그땐 학교 행사가 온 동네 축제였다.

중학교부터 버스를 타고 학교에 다녔다. 하교 후 막차 시간에 들어가려면 배가 고프니 영상이네 핫도그 집에서 어묵과 핫도그를 줄곧 사 먹으며 시간을 기다리곤 했다. 분식은 참 뗄 수 없는 메뉴였네. 지금도 떡볶이를 자주 먹는다.

바닷가라 바람이 많아 어린 시절 과일은 귀했다. 엄마가 시장 갈 때 먹고 싶은 걸 말하면 오늘 그 장사가 안 나왔다며 둘러대는 말을 늘 듣고 살았다. 아버지가 바다에서 잡아 오는 수산물은 비린내 때문인지 비위가 약했던 내게 생선은 거부감이 있어 귀하다는 것도 모른 채 먹지 않았다. 신선 냉장이 어려워 소금간하여 말린 건조 생선은 너무 흔하기만 했다. 산에서 땔감을 구하고 바다에서 먹거리를 구하던 시절이었다. 큰 솥, 작은 솥에 나무를 때서 타고 남은 숯에 구워 밥상을 내던 엄마의 생선구이가 그리 소중했다는 것을. 엄마, 아버지의 온 정성이었다.

버들잎 가지를 떼어 가위바위보 하며 잎 하나씩 떼던 놀이, 강아지풀을 후 불어 반지를 만들고 네 잎도 없는 네잎클로버 찾기. 난 늘 못 찾아 재미가 없었다. 감성은 있었네.

겨울에 눈이 오면 시골 교회를 오가며 걸었던 내 발자국 찍어 보고 돌아보기. 봄·여름·가을 바닷가에 피어나던 이름 모를 꽃들. 지금도 보면 새로워 '아 이 꽃 그리웠어. 너 여기 있었구나' 하며 꽃에 반가움을 표하게 된다. 벚꽃나무 앞에서 사진을 찍었다. 찔레꽃 내음, 아카시아 향기 모두 그립구나.

바닷가에서 나고 자라 도시로 이동하기 전까지 사계절을 바닷가에서 보냈다. 모래밭이 도화지며 나뭇가지가 연필이었던 어린 시절이 엊그제 같기만 하다. 사색하며 거닐며 그때는 몰랐던 대자연의 아름다움과 함께 한 기억, 추억이 되어 내 마음속에 머물러 있다.

언니들이 도회지로 일찍 사회생활을 떠나 홀로 보내는 시간이 많았다. 그래도 학교에서는 친구들과 웃고 떠들고 밤하늘 별을 보며 시간이 가고 나니 어느덧 사회생활을 위해 도시로 가야 하는 시간이 와서 학업과 사회생활을 위해 부모의 그늘을 떠나게 되었다.

NO.24

김 선 화

블로그:
https://blog.naver.com/sunhwagiyo

영산대학교 겸임교수

청소년지도사

출판지도사

아동권리교육강사

연우심리연구소 U&I 학습, 진로상담전문가

초등학교 문해교원

청소년자원봉사소양교육강사

대한치매협회 부산수영지부지부장

냇가에서 배운 용기

어려서는 용감했다. 주어진 환경에 아무 생각 없이 맞추고 살면 되었다. 부모님이 새벽 일을 나가시면 맏이인 내가 동생을 학교 가는 길에 할머니 댁에 맡기고 가면 되었고, 학교를 마치고 집으로 올 때 동생을 업고 집으로 온다.

학교를 마치고 친구들이 모여서 움직인다. 반 친구의 집에 놀러 간다고 했다. 그 속에 함께 가는 내가 있었다. 그 친구는 발가락이 여섯 개였다. 친구 부모님이 우리 모두에게 과자 한 봉지씩 나눠 주셨다.

어둑한 새벽에 사람의 그림자가 보인다. 하나, 둘씩 모여 서로 눈인사 나누고 삼삼오오 뭉쳐서 움직인다. 한 손에는 빗자루를, 한 손에는 망태기를 들고 누가 나왔는지 살피면서, 국민학생, 중학생, 고등학생, 어른들이 모여 있으면 해가 뜬다. 크게 음악이 울려 퍼진다.

새벽종이 울렸네 새 아침이 밝았네
너도나도 일어나 새마을을 가꾸세
살기 좋은 내 마을 우리 힘으로 만드세

이 노래에 맞춰 동네를 청소한다. 누군가는 천방지축 뛰어다니고, 누군가는 좋아하는 오빠가 나왔는지 찾아보고, 누군가는 동네 사람들의 안부를 물으면서 마을을 청소한다.

집으로 들어가는 길에 시냇물이 흘렀다. 물 흐르는 소리, 비릿한 냄새를 맡으면서 걸었다. 어린 시절 냇가는 언제나 내 놀이터였다. 빨래도 하고, 비가 오는 날에는 흙탕물이 된 풀에 소쿠리를 가져다가 옆으로 밀어서 올려 꿈틀거리는 미꾸라지도 잡고, 여름에는 손을 씻고 발을 담가 온도를 식힌다.

어느 날 냇가 옆에 살던 집에 불이 났다. 모두 '불이야, 불이야' 소리를 지른다. 깜깜한 주변의 어둠이 불길로 많은 사람의 형체를 밝혔다. 너 나 할 것 없이 모두 집에 있는 바가지, 물을 담을 수 있는 통들을 가져와 시냇물을 퍼 올린다. 얼마의 시간이 지났을까, 타오르던 불길이 잡혔다. 아침에 가 보니 시커멓게 집이 탄 자국만 남아 있고, 마을은 조용하다.

가을이다. 단감들이 주렁주렁 열려 있다. 조용하게 은밀하게 들키지 않게 움직인다. 손에는 서리한 단감이 보인다. 단감 집 아줌마는 알고 있었을 것이다. 그때의 한입 베어 먹은 단감은 정말 맛있었다.

동네 주변은 산이다. 집에서 나와 산으로 올라가면 산속에서 내려오는 물이 바위 사이에 고이면서 자연스럽게 사람들이 몸을 씻을 수 있을 만큼 물이 흐르고 물웅덩이가 있다. 돌담은 여기저기 부서지고 무너져 허술했지만, 감춰줄 것은 묘하게 감춰 주는 자리였다.

밖에서 사람 소리가 들리면 기다렸다가 다음 팀이 들어가서 물웅덩이에 발을 담근다. 숨이 멎을 만큼 차가웠지만, 그 시원함은 잠자는 세포를 깨운다. 주변에 하늘거리면서 피어 있는 '창꽃'을 따서 입으로 가져간다. 향긋함이 입안을 가득 메운다.

"우리 가족은 아버지, 엄마, 나, 남동생, 첫째 여동생, 둘째 여동생, 막내 여동생입니다. 방 하나에 모두 잠을 자고, 엄마는 커다란 '양푼이'에 밥을 비벼 놓습니다. 그럼 우리는 숟가락을 가져다 서로 먹으려고 합니다. 침이 섞이고, 밥알이 입에 들어갔다 다시 나옵니다. 그래도 웃음이 있었습니다."

그 시절 나는 몰랐다.
그저 주어진 하루를 살아내면 되는 줄 알았다.
이제 돌아보니,그 어린 날의 용기는 무모함이 아니라 살아내려는 마음의 힘이라는 것을.

NO.25

유민재

웹툰작가
시니그처스토리랩 대표

　태어나자마자 '살아남기 어려울 것'이라는 선고를 받으며 수많은 수술과 인큐베이터 속에서 첫 삶을 시작했다. 걷고 말하기 모두 남들보다 늦었지만, 책과 그림만큼은 누구보다 빨리 마음을 열었다. 어머니가 만들어준 작은 도서관에서 수천 권의 책을 읽으며 자라난 나는 병원 생활 속에서도 레고와 그림으로 세상을 표현하며 꿈을 키웠다.

　현재 나는 자신만의 세계관을 바탕으로 작품을 창작하며, 스토리 기반 콘텐츠를 만드는 시니그처스토리랩을 운영하고 있다.

"그림은 내 몸이 아파도 멈출 수 없는 꿈이다.
이야기는 내가 살아 있다는 가장 확실한 증거다."

조용했지만 단단했던 나

나는 태어나는 순간부터 삶의 무게를 선물처럼 받았다. 세상의 공기를 제대로 맛보기도 전, 의사들은 내게 '살아남기 어렵다'는 말을 건넸고, 나의 첫 잠자리는 수많은 바늘이 꽂힌 인큐베이터였다. 여러 차례의 수술이 이어졌지만, 엄마는 늘 말했다.

"그 작은 몸으로 정말 잘 버텼어. 넌 태어날 때부터 용감한 아이였어."

그 말 덕분일까, 나는 늘 내가 약한 아이가 아니라, 태어난 순간부터 삶을 이겨낸 단단한 사람이라고 느꼈다.

걷기와 말하기 모두 늦었던 나는 또래 친구들보다 혼자 보내는 시간이 많았다. 하지만 외롭지는 않았다. 아픈 아이가 더 나은 세상을 보기를 바랐던 엄마는 좁은 방 한 칸을 수천 권의 책으로 채워 작은 도서관처럼 만들었다. 나는 그 책들 사이에서 세상을 배우고, 꿈을 키웠다. 말이 서툴러도 그림으로 표현할 수 있었고, 몸이 불편해도 손으로 레고를 조립하며 상상력을 펼쳤다.

어느 순간 창작은 단순한 놀이가 아닌, 나를 살게 하는 힘이 되었다. 그때부터 나의 꿈은 늘 같았다. 그림으로 이야기를 건네는 만화가. 고칠 수 없는 병이 늘 따라다녔기에 병원은 자연스럽게 두 번째 집이 되었다. 하지만 수술의 기억보다 더 선명한 것은 엄마와 함께 다녔던 봉사활동 시간이었다. 엄마는 나를 집에만 두지 않고, 함께 움직이고, 함께 돕는 사람으로 키웠다. 덕분에 나는 관계를 어렵게 배우지 않았다. 병실에서도 새 친구를 사귀는 데 어려움이 없었고, 레고 조립 하나면 긴 입원 생활도 금세 웃음으로 바뀌었다.

하루 3~4시간 그림을 그리는 일은 놀이이자 휴식이었다. 친구들이 게임에 빠질 때 나는 캐릭터를 구상하고, 짧은 이야기를 썼다. 박물관에서 오래된 물건들을 보며 '이건 어떤 이야기를 담고 있을까?' 상상하는 것이 참 좋았다. 초등학교 영재교육원에서 선생님이 *수학이 좋아? 그림이 좋아?*라고 물었을 때, 나는 망설임 없이 "그림이요"라고 대답했다. 그 순간 나는 스스로를 확실히 알게 되었다. 나는 '그리는 사람'이라는 것을.

중학교 시절, 아픈 몸보다 친구들과의 우정이 더 큰 의미를 가졌다. 우리는 서로에게 힘이 되었고, 함께 걱정하고 응원하며 매일을 보냈다. 재작년, 친구들과 함께 어릴 적 뒷산에 묻었던 타임캡슐을 다시 열었을 때, 마치 과거의 우리가 지금의 우리를 꼭 끌어안아 주는 것 같았다. '잘 살아줘서 고맙다'는 말이 들리는 듯했다. 시험이 끝나면 우리 집은 늘 친구들로 북적였다. 엄마는 집을 '열린 놀이터'처럼 만들어 주셨고, 친구들은 내 아픔을 특별한 조건이 아니라 나의 일부로 자연스럽게 받아들였다. 그만큼 내 어린 시절은, 아픔보다 사랑으로 기억된다.

고등학교 진학을 앞두고 애니메이션 고등학교를 선택하려 할 때, 엄마는 몸이 약한 내가 힘들어하지 않을까 걱정했다. 잠시 마찰이 있었지만, 긴 대화를 통해 엄마를 설득하고 원하는 학교에 입학했다. 그곳에서 나는 본격적으로 그림을 공부했고, 그저 그림을 좋아하는 고등학생으로 웃고 울며 지냈다. 먹는 것도, 노는 것도, 꿈을 나누는 것도 모두 즐거웠다.

대입을 앞두고 받은 스트레스는 컸다. 그 무게를 견디게 해 준 것은 역시 책이었다. 데일 카네기의 책, 불교 경전, 오래된 고전들을 통해 마음의 짐을 내려놓는 법을 배웠다. 흔한 농구조차 할 수 없었던 나는, '생각 다스리기'라는 스스로를 다스리는 방법을 찾았다. 몸이 아닌 마음으로 세상을 견뎌내는 법을 배운 것이다.

내 인생의 가장 소중한 추억은 언제나 가족과의 여행, 친구들과의 만남 속에 숨어 있었다. 몸이 약한 시간들은 길었지만, 그 안에 담긴 사랑의 시간은 그보다 훨씬 더 깊었다. 그 따뜻함 덕분에 나는 흔들리지 않는 마음을 가질 수 있었고, 결국 지금 이 자리까지 올 수 있었다. 그리고 지금, 나는 웹툰 작가이자 [시니그처스토리랩] 대표로 살아간다. 그동안 내 삶을 지탱해 준 것들을 새로운 작품과 이야기로 다시 세상에 전하고 있다.

나는 태어날 때 사형선고를 받은 아이였지만, 지금은 수많은 이야기를 그려내는 어른이 되었다. 몸은 여전히 약하지만, 그 어떤 것도 내 삶의 축복을 지우지는 못한다. 내가 보고, 듣고, 읽고, 견뎌낸 모든 순간이 지금의 나를 만들었다. 어렸을 때 인큐베이터 속에서 작은 숨을 쉬던 그 아이가 지금의 나에게 말했다.

"민재야, 여기까지 잘 왔다.
이제 하고 싶은 이야기를 마음껏 그려보자."

NO.26

유 혜 지

학습지 교사
한국미래평생교육원 부원장
오색그림책방 실장

　　외할아버지가 직접 이름을 지어줄 만큼 사랑받는 첫 손녀로
태어났으며, 어린 시절 아픈 동생을 돌보며 책임감 있게 성장했다.
피아노 대신 선택한 미술에서 전국대회 최우수상을 받을 만큼 재능을
보였고, 여행과 다양한 경험을 통해 감성을 넓혀왔다.

　　현재는 아이들을 가르치고 출판 편집 업무를 맡으며, 손재주와
섬세함을 살린 교육·창작 활동을 이어가고 있다. 앞으로는 자신만의
이야기를 담은 교육 콘텐츠와 그림책 프로젝트를 꿈꾸고 있다.

조용한 책임 속에 자란 나

나는 부모님의 사랑이 한껏 쏟아지는 집에서 첫째 딸로 태어났다. 특히 외할아버지는 첫 손녀가 태어났다는 소식에 누구보다 기뻐하셨고, 세상에서 가장 예쁜 이름을 직접 지어주셨다. 그 이름 속에는 사랑과 기대가 담겨 있었고, 나는 그 따뜻함을 품고 자라났다.

18개월에 한글을 깨치던 나는 늘 책을 가까이하는 아이였다. 하지만 동생이 아프게 태어나면서 집안의 분위기는 달라졌다. 부모님이 병원과 일을 오가며 정신없이 지내던 시간 동안, 나는 자연스럽게 '언니'라는 역할을 스스로 받아들였다. 혼자 글을 읽고, 혼자 가방을 챙기고, 동생을 살피며 자라는 초등 시절은 여전히 마음속 깊이 남아 있는 기억이다.

학교에서 돌아오면 동생의 손을 잡고 학원 차에 태워 집으로 돌아왔고, 부모님 대신 저녁을 데워주고 숙제도 챙겨주었다. 친구들이 놀이터에서 뛰놀 때 나는 창밖을 바라보며 마음속으로만 그 장면을 그렸다. 그래도 학교 앞 분식집에서 동생과 둘이 먹던 떡볶이와 라면은 내 어린 시절의 작은 위로였다.

초등학교 고학년이 되던 해, 엄마는 우리 자매를 직장 근처 학교로 전학시키며 큰 결심을 하셨다. 그 덕분에 나는 처음으로 나만의 시간을 가지게 되었고, 친구들과 어울리는 평범한 행복을 조금씩 누릴 수 있었다. 웃고 떠들며 뛰놀던 그 시간들은 내가 다시 아이로 돌아갈 수 있게 해준 소중한 순간들이었다.

한편 엄마는 내가 피아노를 잘하길 바라며 3년간 학원에 보냈지만, 건반 위의 시간은 늘 어딘가 어색하고 답답했다. 결국 피아노를 그만두고 내가 정말 배우고 싶던 미술을 시작하게 되었고, 그 선택은 내 삶을 바꾸어놓았다. 미술을 배우기 시작한 이후 전국대회에서 최우수상을 여러 번 받았고, 경복궁 특별전에서 동생과 나의 그림이 함께 걸렸던 순간은 아직도 잊을 수 없다.

관람객들 사이에서 엄마가 말했다.

"저건 우리 딸 그림이에요."

그 모습은 내게 큰 자부심을 심어주었다.

엄마는 주말마다 우리를 들판, 강가, 산책길, 전시회로 데리고 다니며 세상의 넓음을 보여주셨다. 여행지에서 먹던 맛있는 음식들, 새 풍경을 마주하던 설렘, 사진 속에 남아 있는 활짝 웃던 우리 자매의 모습까지… 그 모든 시간이 나를 지루하지 않게, 그리고 따뜻하게 성장시켰다.

성인이 된 지금, 나는 학습지 교사로 아이들을 가르치고 엄마의 출판 일을 도우며 편집을 한다. 주변에서 "손재주가 있다"는 말을 들을 때면, 미술을 사랑하던 나의 어린 시절이 다시 떠오른다. 어느새 어른이 되어버렸다는 사실이 버겁게 느껴질 때도 있지만, 지나온 길을 찬찬히 돌아보면 결국 나는 많은 사랑 속에서 단단해진 아이였다는 걸 깨닫는다.

아직 세상을 다 알지 못하지만, 내 안에는 즐거웠던 추억들이 가득하다. 앞으로의 나의 시간에도 지금처럼 따뜻한 사람들이 함께하며, 내가 만들어갈 작은 행복들이 채워지기를 바란다.

나는 이제 어린 시절의 나에게 조용히 말하고 싶다.

"혜지야, 잘 자라줘서 고마워.
이제는 너 자신을 위한 시간을
더 많이 누리며 살아도 돼."

NO.27

이 유 미

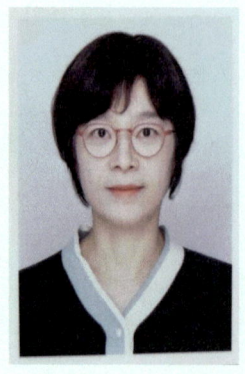

평생교육사
함께하는 가치의 힘을 믿는 사람

볕 잘 들어 눈이 시린 베란다 밖의 풍경을 좋아합니다.
조금 떨어져 바라보는 것의 여유도 좋아해요.
그런데 제일 좋아하는 것은 초여름 바람 소리 깃든
초록잎입니다.
연하지도 쨍하지도 않은 초록이요.

소중한 시절의 놀이터

저의 어린 시절을 회상할 때, 가장 먼저 떠오르는 곳은 다름 아닌 '뒷산'입니다. 제 나이가 벌써 50을 훌쩍 넘긴 그 시절에는 장난감이라는 것이 귀했고, 오직 밖에서 친구들과 뛰어노는 것이 유일한 즐거움이었습니다. 우리 동네 뒤편에 자리한 나지막한 산은, 바로 그 시절 우리들의 천국이자 비밀스러운 아지트였습니다.

학교 수업이 끝나기 무섭게 가방을 내려놓고 달려갔던 뒷산에는 매일 친구들의 웃음소리가 가득했습니다. 해가 서산으로 기울어 어머니의 부름 소리가 들릴 때까지, 우리는 흙먼지를 뒤집어쓰고 산비탈을 누비며 매일이 축제와 같은 시간을 보냈습니다.

그 많은 놀이 중에서도 모두가 함께 즐겼던 소꿉놀이는 유독 따뜻한 기억으로 남아 있습니다. 값비싼 장난감 대신, 넓적한 돌멩이는 밥상이 되고 마른 나뭇잎은 밥이 되었습니다. 뽀얀 진흙으로 찰진 송편을 빚고, 예쁜 꽃잎을 띄워 화채를 만들었던 그 순간은 순수한 창의력의 발현이었습니다. 우리는 엄마, 아빠 역할을 나누어 놀이에 깊이 몰입했으며, 소꿉놀이는 단순히 놀이가 아닌 협력과 공감의 배움터였습니다.

진흙의 농도를 함께 맞추고, 서로의 역할을 존중하며 공동의 세계를 창조했던 것입니다. 햇살 아래 옹기종기 모여 앉아 풀잎 밥을 나누어 먹던 그 순간의 끈끈한 유대감은, 지금도 제 마음을 채워 주는 소박한 행복의 기억으로 남아 있습니다.

하지만 우리들의 세계가 언제나 평화롭고 따뜻하기만 했던 것은 아닙니다. 때로는 팽팽한 긴장감과 열정적인 승부욕을 느꼈는데, 그 중심에는 단연 구슬치기가 있었습니다. 구슬치기는 힘뿐만 아니라 섬세한 기술과 치밀한 계산이 요구되는, 우리에게 가장 진지한 스포츠였습니다.

흙바닥에 홀(구덩이)을 파고, 주머니 속 영롱한 유리구슬을 걸고 벌이던 승부는 매번 치열했습니다. 특히 무지갯빛 '알짜' 구슬은 우리에게 재산이자 자존심과 같았습니다. 구슬을 튕기기 직전, 숨을 참고 손가락에 온 신경을 집중할 때의 심장이 쫄깃해지는 긴장감! '탁' 소리와 함께 목표물을 맞혀 구슬을 따낼 때의 짜릿한 쾌감은 지금도 생생합니다.

구슬을 잃었을 때의 좌절감과 '알짜'를 따냈을 때의 솟구치는 자부심을 오가며, 우리는 승리와 패배, 그리고 깨끗하게 인정하는 법을 배웠습니다. 흙먼지 날리는 구슬 판 위에서 길러졌던 그 순수한 열정과 배짱이, 현재 제 삶의 중요한 밑거름이 되었다고 생각합니다.

이렇게 동네 뒷산에서 보냈던 소꿉놀이와 구슬치기의 시간들은 단순한 과거의 추억이 아닙니다. 소꿉놀이로 따뜻한 마음을, 구슬치기로 경쟁 속의 용기를 배웠던 그 시절의 경험은, 지금의 저를 있게 한 가장 단단한 뿌리입니다.

인생의 고갯마루를 넘어 이제 쉰을 훌쩍 넘긴 나이가 되니, 문득 되살아나는 그 시절의 흙냄새와 유리구슬 소리는 특별한 의미로 다가옵니다. 삶의 무게가 느껴질 때마다, 가슴 뛰던 그때의 순수한 감정들은 제게 더없이 큰 위로가 되고, 앞으로 나아갈 힘을 주는 변치 않는 에너지가 됩니다.

NO.28
우 정 희

블로그: blog.naver.com/sungwoo39
유튜브: www.youtube.com/@TV-io8pe
청도재가노인복지센터:
litt.ly/cheongdo365

청도재가노인복지센터 대표 (2014~)
한세대학교 사회복지행정학과 박사
미국로드랜드대학 자연치유학과 전공
대한웰다잉협회 동대문지회장
쿵후 우슈태극권 사범
(강덕무관총본관 (1972) 이재봉관장)
국제공인 NLP 마스터 프랙티셔너
힐링과 성장, 정성의 돌봄을 실천하는 복지인
강연가, 작가

지리산의 정기와 여수의 햇살

어린 시절을 떠올리면 자연스레 마음이 따뜻해진다.

지리산의 공기, 여수의 햇살, 할머니 집의 마루와 엄마의 손길—

그 속에서 울고 웃던 작은 나는 지금도 생생하다.

그 시절의 모든 장면이 지금의 나를 이루는 조각처럼 느껴진다.

1. 자연이 놀이터였던 시절

나는 전남 구례에서 태어나 지리산의 정기를 받고 자랐다.

잠시 여수로 전학해 도시의 생활을 경험했지만, 국민학교 5학년 무렵 다시 구례 할머니 댁으로 돌아갔다. 시골에서의 어린 시절은 자연이 곧 놀이터였다.

들판에서는 달래·냉이·취나물을 캐고, 산에서는 오디와 보리수, 앵두, 산딸기를 따먹었다. 엄마를 따라 나물 캐러 다니다가 "나물 캐 올게요!" 하고 들에 나갔다가 풀만 한가득 캐 와 엄마를 웃게 했던 기억도 있다. 할머니 집에는 포도, 대추, 감, 앵두가 열렸고, 아궁이에서 고구마를 구워 먹는 재미는 지금도 잊히지 않는다.

어른을 보면 먼저 뛰어가 인사하던 나는 지금도 어르신을 보면 자연스럽게 "안녕하세요" 하고 인사한다. 그 따뜻함은 어린 시절부터 내 몸에 자연스럽게 자리 잡은 마음이었다.

2. 여수에서의 기억 – 놀람, 상처, 그리고 새로운 마음

여수 국민학교 2학년 무렵 겪은 일은 여전히 마음속 깊은 곳에 남아 있는 기억이다. 학교 끝나고 집으로 가는 길에는 두 갈래가 있었다. 하나는 도로길, 하나는 언덕으로 올라가는 길.

그날 나는 호기심에 언덕길로 올라갔고 어디선가 큰 남자 어른이 고함을 치며 "내려오라!"고 소리쳤다. 겁이 난 나는 서둘러 내려갔다. 그러자 그는 이유도 묻지 않고 나의 뺨을 세게 때렸다. 말할 기회조차 주지 않았던 그 사건은 어린 나에게 큰 충격이었다. 엄마는 그 일을 겪은 뒤 내가 더 조용해졌다고 하셨다. 하지만 시간이 지나며 그 기억은 힘들어하는 사람을 그냥 지나치지 못하는 마음, 그리고 부당함에 예민한 감각으로 바뀌어 갔다.

그 무렵 읽은 로빈 후드 이야기는 '약한 사람을 돕는 사람'에 대한 작은 동경을 심어 주었다. 지금의 가치관과 마음의 방향이 그때부터 조금씩 자라기 시작했다.

3. 선택을 묻던 엄마, 그리고 마음속의 책임감

국민학교 5학년, 다시 구례로 전학을 가야 했던 때에 엄마는 내게 조용히 물으셨다.

"할머니 댁에서 사는 거… 괜찮겠니?"

어린 나는 망설임 없이 "응, 좋아요."라고 답했다. 지금 생각해 보면 부모님은 큰 결정을 내려야 했을 텐데 내 마음을 먼저 물어봐 주셨다.

그 순간, 나는 '선택할 수 있는 아이'라는 감각을 처음 느꼈다. 고 등학교에 갈 때도 아버지는 내게 물었다.

"서울로 전학 갈래? 아니면 지금 학교에 다닐래?"

나는 "그대로 다닐래요."라고 대답했고 아버지는 그 선택을 존중 해 주셨다. 그 시절의 순간들이 '선택에는 책임이 따른다'는 마음을 자연스럽게 심어 주었다. 또 하나 마음에 깊이 남은 장면이 있다.

학교에서 집에 돌아와 엄마를 찾다가 방 안에서 흐느끼며 울고 있 는 엄마를 본 순간이다. 작은 나는 아무것도 해줄 수 없었고 그 모습 이 오래도록 마음에 남았다. 그때부터 누군가의 마음을 이해하고 힘 이 되어 주고 싶다는 감정이 싹튼 것 같다.

지리산의 자연, 여수에서의 일들, 엄마의 눈물, 아버지의 믿음, 그 리고 어린 시절 마음속에 남은 작은 정의감. 돌이켜보면 그 모든 순 간이 지금의 나를 천천히 빚어왔다.

사람의 마음을 이해하고, 누군가의 가능성을 믿어 주고, 정성을 담아 돕는 일이 지금의 내 삶이 된 것도 그때의 작은 경험들이 내 안 에 씨앗처럼 자리 잡았기 때문일 것이다.

그래서 나는 오늘도
누군가가 다시 일어설 힘을 건네는 일을
자연스럽게 선택하며 살아가고 있다.

NO.29

양혜진

네이버 검색: 양혜진

블로그:

https://m.blog.naver.com/yang5456

유튜브: 예배하는 선교사

현 삼성화재 RC 일산지점

문서영상 선교사

자서전출판지도사

전자책출판지도사

문예창작전문지도사

도　서:『내 삶의 버킷리스트』,『우리 엄마는』

　　　『우리 아빠는,『우리 가족은』

　　　『행복을 찾는 자서전 쓰기』

전자책:『우리는 알콜중독 부부』

　　　『참 평안은 그분을 만나는 것이다』

복음으로 멀어진 동생에게 쓰는 편지

1987년 초등학교 3학년 때 경기도 부천시 심곡동에서 살고 있었다. 부모님은 작은 구멍가게를 운영했고, 방 한 칸이 딸린 집이어서 한 방에 네 식구가 지냈다. 학교에서 집에 오면 동네 아이들과 늘 모여서 놀았다. 주로 하던 놀이는 구슬치기, 딱지치기였다. 특히 남자 아이들이 많았다. 겨울이면 가파른 언덕에 모여 어디서 났는지 모를 비닐 포대자루를 하나씩 가져와 썰매를 타기도 했다.

아빠는 자전거에 나와 동생을 태우고 학교 운동장에서 달리기를 운동으로 시켰다. 동생은 힘들다며 주저앉는다. 그런 동생을 보면 나는 뒤로 돌아가 업고 뛴다. 바다를 좋아하는 아빠. 부천에서 가까운 강화에 가끔 갔다. 한 날은 바닷가에서 동생이 신발 한 짝을 떨어뜨렸다. 내 키의 8배나 되는 높이였다. 밧줄이 있어서 나는 천천히 내려가 신발을 가져왔다.

지금 생각해 보면 어릴 적 나는 겁이 없었다. 그런 나를 아빠는 칭찬하셨다. 친척이나 친구분들이 오면 아빠는 그 얘기를 늘 하곤 하셨다. 남동생과 나는 세 살 차이로 초등학교를 같이 다녔고, 남동생에게 문제가 생기면 선생님은 나를 부르곤 했다. 그때부터 나는 동생의 보호자가 됐다. 남동생과는 많은 것을 함께했다.

공부하다가 출출하면 집 앞 치킨집에서 양념통닭을 포장해 와 다 먹고 "이제 공부하자"하고는 거의 잤다. 나는 남동생에게 형 같은 누나였다. 누구한테 맞고 와서 울면 나는 동생 손을 잡고 "누구야? 당장 가!"하고 가서는 내가 혼내 주곤 했다. 또래에 비해 나는 키가 컸다. 동네에서 골목대장도 했다. 싸워서 남자를 이기는 여자아이였기에 가능했던 것 같다. 겨울에 눈싸움했던 기억이 제일 신났고 재미있었다.

동생과 나는 노래 부르는 걸 좋아해서 둘이 노래방에도 갔다. 쇼핑도 같이하고 게임도 했다. 블루마블 게임은 내가 늘 졌다. 동생은 전략을 잘 세워서 항상 이긴 것 같다. 동생은 암기 과목을 잘했고, 나는 수학이나 물리를 잘했고 좋아했다. 지금 생각해 보면 서로 잘하는 걸 보완해 줬으면 성적이 더 잘 나왔을 텐데 왜 안 했나 모르겠다. 놀고, 먹는 것만 함께여서 아쉬움이 남는다.

가끔 동생이 잘못했다는 생각이 들 땐 코피 나게 때리기도 했다. 지금 생각해 보면 미안하다. 말보단 주먹이 빠른 나였다. 아빠는 우리가 잘못했을 때 회초리로 손을 때려 반성하게 했다. 때리기 전에 물어본다. "몇 대 맞을 거야?" 난 양심껏 3대면 될 것 같아 그리 말했다. 동생은 맞기 싫다고 해서 더 맞았다.

나는 2019년도 10월에 예수를 전인격적으로 영접했다. 2020년 3월 31일 아빠 기일날 때 일이다. 화요일마다 바이블 스터디를 하러 간다는 소릴 들은 동생이 물어본다. "화요일마다 어딜 가?" 나는 그때 술을 마시고 있어서 정신없는 상태라 바로 답을 못 했더니 신천지가 아니냐며 그동안 못 보았던 화난 얼굴로 쳐다본다. 지금은 신천지가 아니라는 오해도 풀렸는데 아직도 서먹하다.

예수를 알고 그분이 주인 되고 난 후 서먹해진 동생과의 관계.
그 답은 성경에 있었다.

♫ 누가복음 12:51~53

내가 세상에 **화평**을 주려고 온 줄로 아느냐 내가 너희에게 이르노니 아니라 도리어 분쟁하게 하려 함이로라. 이후부터 한 집에 다섯 사람이 있어 **분쟁**하되 셋이 둘과, 둘이 셋과 하리니 아버지가 아들과, 아들이 아버지와, 어머니가 딸과, 딸이 어머니와, 시어머니가 며느리와, 며느리가 시어머니와 분쟁하리라 하시니라.

복음을 가지고 선교하는 나와 아직은 비그리스도인으로 나를 미워하는 내 동생. 세상 임금 사탄이 오해의 영으로 우리 사이를 멀어지게 했지만, 하나님의 시간표에 모든 오해가 풀릴 것을 기다린다.

❤ 누나는 어릴 적보다 지금 더 너를 사랑해 ❤

NO.30

박 성 희

네이버 검색: 박 성 희

블로그: 천국서기관의 보물창고

유튜브 검색: 전도자의영상일기

은방울어린이집 원장 13년 / 시화리라유치원 원감

유아전문 학부모 카운슬러 /iebTV 유아교육방송국 연구실장

전국유아교육자 원장연수 강사

SK브로드밴드 텔레마케터 5년

생명의 빵굼터 문서영상 선교사

한국자서전협회 파주지부장 / 자서전출판지도사

전자책출판지도사 / 문예창작전문지도사

현 삼성화재 일산지점 메디컬 매니져

저 서:『보험이 최고의 직업, 15인의 성공스토리와 노하우』

　　　『나는 신랑의 러브레터를 전달하는 우편배달부』

　　　『내 삶의 버킷리스트』,『우리 엄마는』,『우리 아빠는』

　　　『바퀴 달린 만평의 집을 짓는 여자』

　　　『우리 엄마는 나의 가시 면류관이자 금 면류관』 외 다수

'지식 없는 열심'의 따끔한 교훈

초등학교 4학년 때 일이다. 항상 깔끔한 나의 엄마는 매일 빨래를 삶으셨다. 연탄불을 땠던 우리 집 부뚜막에는 매일 빨래가 보글보글 끓고 있었다.

사랑꾼에 가정적이었던 아빠는 늘 우리에게 엄마를 기쁘게 할 일이 없나 생각해 보자는 말씀을 하셨다. 엄마가 가끔 외출하고 돌아올 때면 우리는 아빠와 함께 엄마가 기뻐하는 대청소를 하는 일이 일상이었다. 마당 청소, 꽃밭 가꾸기, 연탄재 정리, 집안 가구를 새롭게 배치해 놓는 이벤트까지.

외출하고 돌아온 엄마가 깜짝 놀라는 모습은 상상만 해도 즐거운 일이었다. '**엄마는 빨래 삶는 것을 좋아하셔.**' 어린 시절 나의 뇌리에 그려진 엄마의 모습이다. 어느 날 이모 집으로 외출한 엄마가 돌아왔을 때 '**이번에는 빨래를 삶아야지**'라는 생각을 했다.

그 일이 칭찬은커녕 엄마를 화가 나게 하는 일이 될 줄을 꿈에도 상상하지 못하고. 엄마가 늘 삶았던 옷은 흰색의 면 종류 속옷이나 행주와 걸레였는데 섬유에 대한 지식이 없었던 나는 그만 엄마가 아끼는 실크 블라우스까지 모조리 넣고 삶아버렸다. 분홍색 예쁜 물이 들어 끓기 시작했다. '**어머나, 색깔이 예쁘기도 하지!**' 하며 부뚜막에 앉아 물끄러미 빨래를 감상하고 행복에 잠겨 있는데 외출한 엄마가 돌아오셨다.

'난생처음 엄마를 도와 빨래를 삶는 나를 엄마가 얼마나 기특해하실까…' 칭찬받을 만반의 준비를 하고 기뻐하며 미소 짓는 엄마의 얼굴을 기대했는데 분홍색으로 물들어가는 빨래를 보시고 화가 난 엄마가 소리를 질렀다. 실크를 삶으면 어떻게 하냐고.

그 일로 인해 하나님은 내게 평생 뼈 속 깊이 남을 귀한 교훈을 얻게 하셨다. **열심보다 중요한 것이 올바른 지식이라는 사실**. 지식 없는 열심은 오히려 일을 그르치고 하나님을 진노하게 한다는 교훈이었다. 안 하느니만 못한 결과.

흔히들 초신자들에게 신앙생활을 열심히 하라고 말씀하시는 분들이 많았다. 처음엔 나도 그래야 하는 줄 알았다. **그런데 모든 일이 다 마찬가지겠지만 정말 열심히만 하면 큰일 나는 것이 신앙생활이었다.**

사도 바울은 하나님을 향한 열심으로 스데반 집사를 이단으로 몰아 돌로 쳐 죽이는 데 앞장선 사람이었다. 자신은 하나님께 충성한답시고 한 일이 하나님 앞에 괴수 죄인이 될 줄은 꿈에도 몰랐을 것이다.

다메섹 산상에서 만난 부활하신 예수님은 "사울아, 사울아, 네가 **왜 나를 핍박하니? 나는 네가 핍박하는 예수란다**"라고 말씀하셨다. '내 이름으로 온 지극히 작은 자에게 한 일이 곧 내게 한 일이니라'라고 말씀하신 주님께서 예수님의 이름으로 보냄을 받은 스데반 집사를 죽인 사울에게 "네가 나를 핍박했다"라고 말씀하셨다.

그리고 그 일은 그에게 일평생 사명을 향한 불쏘시개가 된다. 참 전도자를 매장하고 때려죽이는 사건으로 말미암아 그를 향해 오는 어떠한 핍박도 감수하는 참 전도자로 변한다.

대강 아는 지식으로 남을 정죄하며 서로서로 이단삼단 누명을 씌우고 한 하나님을 섬기는 그리스도인들끼리 하나가 되지 못하는 부끄러운 모습. 원수까지도 사랑하는 것이 복음의 진수이거늘 '북한이 멸망해야 한다, 김정은이 악의 축이다. 그들을 긍휼히 여기는 자들은 다 공산주의 간첩이다'라고 매도하는 광화문 집회에 피를 토하는 잘못된 지식을 가진 열심당원 일명 극우세력 기독인들.

그들을 향해 **"사울아, 네가 왜 나를 핍박하니?"** 하는 주님의 사랑의 음성을 듣기를 간절히 소원한다. 그들이 참 복음을 깨닫기를 기도한다.

"우리 자신이 하나님과 원수 되었던 자들이었음을 깨닫는 회개와 각성이 이 땅 교회마다 일어나기를 소원합니다."

♣ 로마서 10장 2절 ~ 3절 ♣
내가 증언하노니 그들이 하나님께 열심이 있으나 올바른 지식을 따른 것이 아니니라. 하나님의 의를 모르고 자기 의를 세우려고 힘써 하나님의 의에 복종하지 아니하였느니라.

　동전의 앞과 뒤, 빛과 그림자처럼, 책에도 작가의 시선과 독자의 시선이라는 두 가지 관점이 존재한다.

　작가는 글을 쓰는 과정을 통해 자신을 성찰하고 생각을 정리하며, 경험과 배움, 지혜를 타인에게 전달하는 보람과 기쁨을 느낀다. 독자는 타인의 성장과 인생 이야기를 읽으며 공감과 위안을 얻고, 삶의 용기와 희망, 새로운 아이디어 등을 발견한다. 이처럼 책이 주는 유익함은 양쪽 모두에게 존재한다.

　공동 저서는 개인 저서 대비 시간과 비용, 분량에 대한 부담이 적다. 그렇기에 책을 처음 써보는 분들과 꾸준히 책을 쓰고 싶은 사람에게 적합하다. 책 쓰기를 처음 시작하는 분들이라면 공동 저서로 시작하여 경험을 쌓기를 추천한다. 이 경험이 다음 단계로 넘어가는 좋은 밑거름이 될 것이다.

　책을 쓰기 위해서는 용기와 시간, 집중력, 인내 등이 필요하다. 바쁜 일정 가운데 시간과 마음을 내어 함께한 작가님들에게 감사와 격려의 말을 전한다.

　모두가 자신의 경험과 감정, 배움, 삶의 지혜를 누군가에게 글과 책으로 전하는 뜻깊고 보람찬 일에 함께해보기를 권한다. 당신의 이야기에 누군가는 깨달음을 얻고 인생이 변할 것이다. 경험이 책이고, 인생이 책이고, 사람이 책이다.

by 우경하 작가

추억의 어린 시절

초판 1쇄 발행 ︱ 2025년 12월 10일

지은이 ︱
우경하 이은미 박선희 안은숙 양 선 김지현 심푸른 장예진 최순덕 박보라
김미옥 김종호 한기수 윤국주 이정원 차에스더 김주연 송혜선 류정희 강정석
류미현 이선자 정세현 김선화 유민재 유혜지 이유미 우정희 양혜진 박성희

펴낸곳 ︱ 인생이변하는서점
펴낸이 ︱ 우경하
디자인 ︱ 우경하 & 정은경
표지디자인 ︱ 디자인플래닛
인쇄처 ︱ (주)북모아

출판등록번호 ︱ 제2021-000015호
주소 ︱ 서울 도봉구 덕릉로 63가길 43, 지하26호
전화 ︱ 010-7533-3488
ISBN ︱ 979-11-995852-3-2
정가 ︱ 17,000원